AF384178

INTRODUCTION

À L'ÉTUDE DU DROIT HINDOU

PAR

LÉON SORG

Président du tribunal de 1re instance de Pondichéry

PONDICHÉRY
IMPRIMERIE DU GOUVERNEMENT
1895

A Monsieur Clément-Thomas, Officier
de la Légion d'honneur, Commandeur de
l'Ordre de l'Empire indien, Gouverneur des
Etablissements français dans l'Inde.

Hommage de mon respect

et de ma reconnaissance.

I

Objet du présent ouvrage.

« Les Indiens, soit chrétiens, soit maures ou gentils, seront jugés comme par le passé, suivant les lois, usages et coutumes de leur caste. » ainsi dispose l'article 3 de l'arrêté du 6 janvier 1819, qui forme le droit constitutionnel des indigènes de nos établissements de l'Inde, à l'exception de ceux, infime minorité d'ailleurs, qui, usant de la faculté accordée par le décret du 21 septembre 1881, ont renoncé à leur statut personnel pour se soumettre à la loi française.

Ce texte distingue, on le voit, les Indiens en trois catégories, suivant leur religion, mais, ceux qui se sont convertis au christianisme devant être régis par les mêmes lois et usages que les *gentils*, cette division se réduit au point de vue juridique à deux classes, les musulmans et les hindous (1).

Quelles sont, en ce qui concerne ces derniers, qui constituent la fraction de beaucoup la plus considérable de la population, les lois dont notre article prescrit l'application? Se trouvent-elles dans quelque code, et quel est leur rapport avec les us et coutumes? Faut-il, en cas de conflit, appliquer de préférence la loi ou la coutume? Quel est, en un mot, le principe fondamental de cette législation que nous avons promis de respecter?

Suivant une opinion, naguère encore généralement reçue, le droit hindou aurait pour base un corps de lois écrites, promulguées par d'antiques législateurs révérés dans l'Inde entière, dont Manou serait le premier en date et en autorité, mais ces lois seraient partiellement tombées en désuétude ou auraient été modifiées sur divers points par des coutumes locales.

Remarquons au préalable, qu'en tenant ce système pour exact, l'étude de ces coutumes n'en serait pas moins, au point de vue pratique, la plus importante,

---

(1) Ce terme lui-même comprend, nous le verrons, des individus de races et de religions diverses.

puisque seule elle nous permettrait de discerner les lois encore en vigueur de celles qui ne le sont plus, et de déterminer en conséquence quel est le droit actuellement applicable dans chacun de nos établissements. Mais l'examen de cette doctrine conserve cependant un intérêt notable, car si la règle capitale réside en ces lois écrites, ce sont elles que nous devrons appliquer toutes les fois que leur abrogation par des usages contraires ne sera pas formellement démontrée, c'est à elles que nous devrons recourir pour pénétrer l'esprit du droit hindou. Nous allons donc rechercher comment cette opinion a pris naissance et s'est développée, résumer les découvertes récentes qui ont inauguré une conception plus exacte du véritable caractère de la législation hindoue, établir ainsi, que les coutumes, loin d'être des dérogations à une loi écrite antérieure, constituent au contraire, spécialement dans le sud de l'Inde, le droit essentiel et primordial, et enfin indiquer la méthode à suivre pour les connaître.

II

Le droit hindou au siècle dernier.
Les coutumes tamoules.

Selon le vœu de notre article et de la déclaration du 13 décembre 1818 qui en est, pour ainsi dire, l'exposé des motifs, il faut tout d'abord nous reporter vers le passé, rechercher « ce qui se faisait avant 1789, et doit continuer à se faire sans restriction et sans innovation. »

L'article 16, titre II, du règlement du 30 décembre 1769 nous mettra sur la voie: « La nation, dit-il, s'étant engagée dans les commencements de son établissement à Pondichéry, à juger les Malabars (1) et autres Indiens qui auraient recours à la justice française, suivant les us et coutumes et *lois malabares*, le lieu-

---

(1) Nom improprement donné par les Européens, consacré du reste par l'usage, aux Hindous de caste de la côte de Coromandel. (Essai sur les castes par Esquer, page 100).

tenant civil se conformera à cet égard à ce qui s'est pratiqué jusqu'à ce jour au siège civil de la Chaudrie. » Voyons donc quelles étaient la procédure suivie et la législation appliquée en matière civile par cette juridiction (1). Dans toutes les causes où le tribunal ne possédait pas par lui-même des lumières suffisantes, il renvoyait les parties, lorsqu'elles appartenaient à la même caste, devant l'assemblée de leur caste présidée par son chef, sinon devant des arbitres ou à la chambre de consultation composée de notables indigènes, et le rôle du juge se bornait à homologuer les décisions de ces conseils, lorsqu'elles lui paraissaient rendues de façon régulière et équitable. Or, ces sentences étaient toutes uniquement basées sur les us et coutumes du pays, dont les plus importants, les plus généraux étaient désignés sous le nom de lois malabares ou lois tamoules (2) et dont il n'existait aucun recueil, ainsi qu'en fait preuve la disposition suivante contenue dans l'article II du règlement du 27 janvier 1778: « Comme il serait important au conseil supérieur et au lieutenant civil d'avoir le code des lois tamoules et un recueil des usages des Malabars et de ceux particuliers à chaque caste, afin de les juger conformément dans tous les temps, nous imposons à la chambre de consultation et à chacun de ses membres, pour devoir essentiel, de travailler à un ouvrage aussi intéressant pour leurs concitoyens, et nous promettons de récompenser d'une manière distinguée leurs soins et leur zèle à cet égard. » Mais les guerres continuelles qui interrompaient le cours de la justice et l'apathie naturelle au caractère indien furent causes que cette sage ordonnance resta lettre morte.

Plus heureux, le Gouvernement hollandais avait réussi dès 1707, dans un district de l'île de Ceylan peuplé d'une nombreuse colonie tamoule, à faire rédiger par un conseil de notables un recueil de coutumes connu sous le titre de *Thessawaleme,* encore en vigueur de

---

(1) Les registres des minutes du tribunal de la Chaudrie sont conservés aux archives de Pondichéry. Ce tribunal avait sans doute son siège dans une ancienne chaudrie ou hôtellerie.

(2) Par exemple, la loi tamoule *panchareddi pattiram* concernant la forme des obligations, qui fut consacrée par l'article 9 de l'arrêté du 27 janvier 1778, et dont on ne trouverait trace dans aucun texte sanscrit ou tamoul.

nos jours à Jaffna, et où nous trouverons de précieux renseignements sur les coutumes malabares (1).

Dans les provinces du sud de l'Inde gouvernées par des radjahs ou administrées par la compagnie anglaise, la justice rendue soit par les chefs de caste ou de bourgade, soit par les pantchayattai, tribunaux de cinq arbitres, n'avait également d'autre règle que la coutume immémoriale. Ecoutons à ce sujet un témoin particulièrement digne de foi, le père Bouchet, missionnaire jésuite qui passa toute son existence au milieu des peuples du Madura, vêtu et vivant à leur guise; dans une lettre écrite de Pondichéry le 2 octobre 1714 (2), il s'exprimait ainsi à leur égard: « Ils n'ont ni code ni digeste ni aucun livre où soient écrites les lois auxquelles ils doivent se conformer pour terminer les différends qui naissent dans les familles..... Toute l'équité de leurs jugements est appuyée sur certaines coutumes inviolables parmi eux et sur certains usages que les pères transmettent à leurs enfants. Ils regardent ces usages comme des règles certaines et infaillibles pour entretenir la paix des familles et pour terminer les procès. Dès là qu'on a pu prouver que sa prétention est fondée sur la coutume suivie dans les castes et sur l'usage du monde c'en est assez, il n'y a plus à raisonner, c'est la règle et l'on doit s'y conformer. Quand vous auriez des démonstrations que cette coutume est mal établie et qu'elle est sujette à de grands inconvénients, vous ne gagneriez rien, la coutume l'emportera toujours sur les meilleurs raisons » (3).

L'abbé Dubois qui vécut vingt ans dans le Maïssour, et qui passe à juste titre pour une autorité en tout ce qui concerne les mœurs et les usages du sud de l'Inde constatait de même (4) qu'il n'y existait « aucun code, aucun recueil de lois écrites » et que tous les procès étaient jugés suivant les usages des castes et l'équité « Quelques ouvrages, ajoutait-il, contiennent

---

(1) Etude scientifique de la loi hindoue par Nelson 6. 121.— La loi et l'usage hindous par Mayne 6. 42.

(2) Lettres édifiantes et curieuses. Tome XII. Page 255 et suiv.

(3) Il en est encore de même aujourd'hui et tous ceux qui ont fréquenté les Indiens savent quel est sur leur esprit la force aveugle et toute puissante du *mammoul*.

(4) Mœurs et institutions des peuples de l'Inde par l'abbé Dubois, p. 435 et suivantes.

seulement des principes généraux, des maximes assez sages et propres à éclairer l'esprit des juges dans les décisions qu'ils ont à rendre..... Au reste, ce que ces livres renferment çà et là de réellement bon ne saurait être à l'usage de la plupart des Indiens qui n'entendent nullement la langue savante dans laquelle ils sont écrits.»

La loi de Manou et les autres Sâstras sanscrits étaient en effet absolument ignorés de la population tamoule, comme le prouve l'absence dans les décisions de la Chaudrie de toute citation de ces textes et des expressions sanscrites aujourd'hui courantes dans les tribunaux de l'Inde, telles que mariage brahma ou asoura, stridhana, sapindas, bandhous, etc..... Les Brahmanes seuls allaient, dans les causes importantes et compliquées (1), consulter les savants de leur caste qui gardaient, disait-on, des lois gravées sur des lames de cuivre dans une grande tour à Conjivarom (2).

Les coutumes que nous décèlent ces documents du siècle dernier (3), se résument en quelques principes fort simples.

Les frères vivaient habituellement en communauté de biens, et cet état subsistait parfois entre leurs fils. L'aîné de la famille était d'ordinaire le chef de cette société ; en cette qualité il avait seul l'administration des biens communs et exerçait une autorité quasi-paternelle sur les autres membres de la famille ; tous les biens acquis par chacun d'eux de quelque façon que ce fut, appartenaient à la masse (4). Cependant les partages étaient très fréquents, même entre frères ; ils se faisaient devant l'assemblée de la caste, et la preuve en était, à défaut d'acte, rapportée par témoins ; toutefois au cas où la séparation d'habitations datait de plus de trente ans, il y avait présomption légale de partage. Les veuves des communs décédés étaient entretenues

---

(1) Jugements de la Chaudrie des 8 octobre 1776 et 25 novembre 1795, renvoyant les parties (qui appartenaient à la caste brahme) « pardevant le corps savant des Brahmes de Conjivarom. » Nous n'avons trouvé que ces deux espèces dans tout le recueil des jugements de ce tribunal ; dans les cas ordinaires, les Brâhmanes suivaient les coutumes du pays ou de leur caste.

(2) Lettres édif. et cur. T. XII. P. 262.

(3) Les arrêts du Conseil supérieur devant qui étaient portées en appel les affaires jugées en premier ressort par le tribunal de la Chaudrie, ne sont malheureusement d'aucune utilité, n'étant pas motivés.

(4) Il n'était jamais question de biens particuliers d'un commun.

aux frais de la communauté ; lors du partage, on leur donnait un immeuble ou un capital en rapport avec les ressources de la famille ; ce droit des veuves se nommait *caympencourou*.

Au cas de division, chacun des pères de famille devenait propriétaire absolu des biens échus à sa part, et il en pouvait disposer à sa guise (1). Tous les gains faits par les fils appartenaient au père, et ils ne pouvaient contracter des dettes que de l'assentiment de ce dernier (2).

Toutefois, lorsque le père de famille était frappé d'aliénation mentale ou que son esprit était affaibli par l'âge, l'aîné de ses fils devenait chef de famille et exerçait sur ses frères l'autorité paternelle (3).

D'autre part, lorsque les fils après leur mariage quittaient la maison paternelle, toutes les acquisitions qu'ils faisaient soit par leur industrie, soit par des donations, leur étaient personnelles (4).

Les fils étaient tenus de payer toutes les dettes contractées par leur père, alors même qu'ils ne recueillaient aucun bien dans sa succession (5).

Le mariage était contracté le plus fréquemment sous la forme dite en *pariom*, qui consistait en un achat, réel ou fictif, de l'épouse par les parents de l'époux. « Parmi les Indiens, dit le P. Bouchet, se marier et acheter une femme c'est la même chose ; aussi pour faire entendre qu'ils vont se marier ils disent d'ordinaire qu'ils vont acheter une femme (6). » L'abbé Dubois fait la même remarque en termes presque identiques (7). Sonnerat qui séjourna pendant plusieurs années

---

(1) Jugement du tribunal de la chaudrie du 9 décembre 1766. La question posée à vingt nattars (chefs de caste) de savoir si : « un père suivant les usages et mœurs des malabars, pouvait déshériter son fils ? » fut résolue de la façon suivante : « Un père peut faire tout ce que bon lui semble. » La décision rendue par le tribunal sur cet avis mérite d'être rapportée. « Nous avons en conséquence ordonné, pour concilier tout à la fois les usages, les mœurs et les coutumes malabares, et en même temps pour ne pas blesser ou nuire (sic) à la propagation de la religion chrétienne que professait le défunt, que ses biens seraient partagés en deux parts égales, l'une au fils et à la mère de ce dernier, l'autre au légataire universel. »

(2) Décision des nattars du 31 août 1788.

(3) Chaudrie, 31 mai 1768.

(4) Thessawaleme, IV, 5.

(5) Bouchet. Op. cit. Thessawaleme, loc. cit.

(6) Lettres edif. et cur. T. XII. P. 294.

(7) Op. cit. T. 1. P. 297.

dans l'Inde méridionale et notamment à Pondichéry, constate également la généralité de ce mode de mariage (1). Toutefois, dans les familles aisées, la somme donnée au père de la fiancée était employée à acheter à celle-ci des bijoux ou à pourvoir aux dépenses du mariage, et « ce qu'il en coûtait au père de la fille allait souvent au delà de ce qu'il avait reçu (2). » Dans les classes pauvres au contraire le prix était effectif et consistait en numéraire ou en dons de toute nature (3). La femme était considérée en conséquence comme étant la propriété (4) du mari, et son infidélité entraînant le divorce, son complice devait indemniser le mari en lui remboursant le pariom (5).

Un autre mode de mariage, mais beaucoup moins usité, était le *cannigadanam* (don d'une vierge) (6).

---

(1) Voyage aux Indes Orientales et à la Chine fait par ordre du roi depuis 1774 jusqu'en 1781.

(2) Lettres edif. et cur. loc. cit.

(3) Requête présentée au tribunal de la Chaudrie le 20 mars 1789 par Andiapin de caste huilier, exposant « qu'il avait demandé au nommé Pajany sa sœur en mariage, lequel ainsi que sa mère y avaient consenti, en faveur de quoi il avait fait présent audit Pajany d'une vache et pour deux pagodes d'huile de palmachristy. » Pajany satisfait lui avait remis sa sœur pour la garder dans sa maison et l'employer dans le ménage en attendant la conclusion du mariage, mais il l'avait ensuite emmenée du domicile de son futur époux. La caste appelée à statuer sur cette requête le fit en ces termes : « Vu que la mère et le frère de cette fille l'ont promise à Andiapin, on la lui donnera à présent sans autre réplique. »

(4) Une décision de caste du 23 juillet 1788 qualifie le mari propriétaire de sa femme. — Actuellement dans la caste des corvas, le mari obéré vend sa femme ou la met en gage. (Recensement de Madras de 1871.)

(5) La Cour de Pondichéry a par un arrêt du 1er avril 1866 décidé que le mari trompé n'avait aucune action en dommages intérêts contre le complice de sa femme. M. Eyssette a essayé de justifier cette doctrine par un argument ingénieux : « On sait, dit-il, que tous les efforts d'un Indien doivent tendre à engendrer un fils, qui par des oblations à ses mânes, le retire après sa mort du séjour de ténèbres et d'horreur, appelé *Put* où les âmes sont précipitées. Or, celui qui, dominé par une aveugle passion, procrée un fils à autrui au lieu de songer à lui-même, celui-là est un sot ; il joue un rôle de dupe. Quelle indemnité, quelle réparation pécuniaire pourrait lui réclamer un homme dont il a par son fait assuré ou préparé le bonheur céleste? » Mais il est facile de lui répondre : s'il ne résulte des relations adultères aucun enfant, ou s'il en naît une fille, dont les Indiens ne font aucun cas, le mari subit un préjudice sans retirer aucun avantage et l'explication par suite ne porte plus.

Le tribunal de Pondichéry dans un jugement du 15 janvier 1894, et la Cour d'appel par un arrêt du 17 mai 1894, sont revenus à la règle autrefois admise par la coutume.

(6) Sonnerat. Op. cit. T. I. P. 124. — Jugements de la Chaudrie des 20 février 1767, 29 novembre 1771, 28 février 1790. — Chambre de consultation 31 octobre 1788.

Celui qui se mariait de cette façon, reçevait à titre gratuit sa femme et en outre des présents ; il n'avait à faire aucune dépense pour son mariage qui était célébré aux frais du père de l'épouse, mais il assumait tous les péchés de celui-ci et devait les expier par des bonnes œuvres et des cérémonies religieuses ; de plus il perdait tous ses droits de succession dans sa famille. Aussi une telle union n'était-elle acceptée que par des jeunes gens peu aisés, et considérée « comme peu honorable pour celui qui la contractait.» (Chaudrie, 29 novembre 1771.)

Un troisième mode de mariage, également peu usité, était le *nadivouttoutaly* qui se réduisait à la cérémonie essentielle, celle consistant à attacher le tâly ou collier nuptial, et se pratiquait en cas d'union avec une concubine, et en cas de remariage d'une veuve dans les castes où la coutume l'autorisait.

Dans les autres modes de mariage, les cérémonies étaient nombreuses, compliquées et dispendieuses (1), mais c'était également l'attache du tâly qui seule donnait une sanction définitive à l'alliance contractée et en était le signe ; aussi en cas de mort du mari, ou de divorce, le tâly était-il détaché.

Dans tous les cas, on ne pouvait contracter mariage que dans sa caste (2). Les enfants de deux frères ou de deux sœurs ne pouvaient s'unir par les liens du mariage, mais cette prohibition ne s'étendait pas aux enfants du frère et de la sœur (3).

La monogamie était le principe (4) ; mais si la femme était malade ou stérile, ou bien si elle autorisait son mari à contracter une seconde union, il pouvait le faire légitimement; il était tenu dans ce cas d'entretenir ses deux femmes de la même façon.

---

(1) L'abbé Dubois et Sonnerat nous donnent à ce sujet des détails minutieux.

(2) Sonnerat. P. 120.

(3) Le P. Bouchet nous donne la raison de cette curieuse différence : « Les enfants des deux frères ou des deux sœurs sont déclarés frères entre eux par la coutume de toutes les castes ; mais les enfants du frère et de la sœur ne sont que cousins germains...... Quand on leur représente que le degré de parenté est absolument le même entre les enfants des deux frères ou des deux sœurs, et les enfants du frère et de la sœur, puisqu'ils tirent leur origine de la même tige et à égale distance, cette objection leur parait absurde, et il regardent ceux qui la proposent comme des gens qui combattent les premiers principes. » — Cf. Sonnerat. Op. cit. P. 120.

(4) Thessawaleme I § II.—Et nombreux jugements de la Chaudrie.

Le remariage des veuves était autrefois généralement autorisé par la coutume tamoule (1) ; mais au
siècle dernier déjà, il n'était plus en usage que dans
les basses castes à Pondichéry.

L'adoption était assez fréquente. La cérémonie se
faisait devant l'assemblée de la caste (2) ; le père de
l'enfant déclarait solennellement qu'il le donnait en
adoption et ne conservait plus aucun droit sur lui ;
l'adoptant et sa femme versaient d'une main de l'eau
de safran sur les pieds de l'adopté, la recevaient de
l'autre main et la buvaient ; aussi désignait-on commu-
nément le fils adoptif sous le nom de *fils d'eau de safran.*
Le mari et la femme adoptaient souvent ensemble et
pour eux deux ; la veuve pouvait aussi adopter pour
son compte personnel (3) ; enfin l'on adoptait parfois
des filles (4). L'adopté devait être de la même caste que
l'adoptant ; par le fait de l'adoption il sortait de sa
famille naturelle, mais acquérait par contre dans sa
nouvelle famille tous les droits et assumait toutes les
obligations d'un enfant légitime.

Quant aux successions elles présentaient peu de cas
à résoudre, car, dans les familles vivant en communauté
les biens restaient aux survivants et il n'y avait pas lieu
par suite à ouverture d'une succession. S'il y avait eu
partage, les fils légitimes ou adoptifs héritaient également des biens paternels, mais les fils naturels n'y
avaient aucun droit. (Décision de la chambre de consultation du 13 septembre 1788.) Les filles ne venaient
pas à la succession avec les fils ; toutefois le père de
famille pouvait laisser une partie de ses biens à une fille
qui avait un fils. A défaut de fils ou autres descendants mâles, la femme et la mère du de cujus se par-
tageaient en égales parts la succession (5). S'il
n'existait pas d'héritiers des catégories précédentes, la
caste décidait quels étaient les membres de la famille

---

(1) Thessawaleme I § 10.
(2) Dubois, op. cit. 2. P. 35 et suiv.— P. Bouchet, op. cit.
(3) Ibid.— Jugements de la chaudrie.
(4) Thessawaleme. II § 4.— Dubois loc. cit.
D'après le Thessawaleme un garçon et une fille adoptés par une même
personne pouvaient s'unir par le mariage. Les héritiers de l'adoptant devaient consentir à l'adoption.
(5) Chaudrie 18 novembre 1769. Décision des nattars du 31 août 1795,
confirmée par arrêt du Conseil supérieur du 17 octobre de la même
année.

qui en raison de la proximité de leur degré de parenté devaient être appelés à la succession.

Telles étaient les principales coutumes pratiquées dans les pays tamouls. Dans les cas non prévus par l'usage on devait décider d'après l'équité. « Mais trop souvent la partialité, nous dit l'abbé Dubois, faisait dans les assemblées de caste pencher la balance en faveur de celui qui pouvait acheter les suffrages.» Il en était de même fréquemment dans les causes renvoyées par le lieutenant civil devant des arbitres, et en plusieurs occasions il se vit obligé de réprimer leur vénalité.

III

Le droit écrit et la jurisprudence européenne.

Lorsque les savants européens commencèrent à étudier le passé et les institutions de l'Inde, ils s'adressèrent aux Brahmanes qui formaient la partie la plus intelligente et la plus instruite de la population. Ceux-ci leur apprirent que l'Inde avait été peuplée par la nation aryenne qui parlait le sanscrit et était divisée en quatre classes : les Brahmanes chargés des fonctions sacerdotales, de l'enseignement du Véda et de la conservation du trésor des lois civiles et religieuses (1), les Kchatryas ou guerriers parmi lesquels étaient choisis les rois, les Vaisyas adonnés au commerce et à l'agriculture, et enfin les Soudras qui n'avaient d'autre office que celui de servir les classes précédentes ; chacune de ces classes, ajoutaient-ils, s'était subdivisée en un certain nombre de castes, mais la hiérarchie fondamentale subsistait immuable, la suprématie des Brahmanes était incontestée, leur religion observée sans dissidence, et la loi, dont ils étaient les dépositaires, acceptée par tous les hindous sans distinction de religion ni de caste. Ces assertions paraissaient vraisemblables, car les Brahmanes jouissaient en réalité d'un grand prestige (2) ; ils étaient les ministres

---

(1) Lois de Manou. I. 88 et suiv. 99.

(2) Particulièrement dans le nord de l'Inde où, nous allons le voir, prit naissance la croyance à la généralité des lois écrites.

d'un culte répandu dans l'Inde entière, et leurs livres
sacrés confirmaient leurs affirmations. Aussi quand
Warren Hastings, gouverneur du Bengale, fit faire en
1773 par des pundits une compilation de textes sanscrits, dont Halhed sur son ordre publia une traduction
anglaise, ils furent persuadés l'un et l'autre que cet
ouvrage renfermait la loi générale de l'Inde et ils lui
donnèrent en conséquence le titre hyperbolique de
Code des gentils. Leur conviction fut d'ailleurs partagée par tout le monde savant, et Anquetil-Duperron (1),
les remercia d'avoir révélé à l'univers que les Indiens
possédaient des lois, alors que Bernier et le P. Bouchet
avaient dit, et que l'on avait toujours cru en Europe
que ce peuple n'était soumis qu'au despotisme le plus
arbitraire.

La traduction du Manava-dharma-sastra par Sir
Williams Jones en 1794, eut un retentissement et
un résultat bien autrement considérables; l'opinion
s'accrédita que Manou était le plus ancien législateur
de l'Inde, que son code à la fois religieux, pénal et civil
avait été autrefois en vigueur dans toute cette contrée,
qu'aujourd'hui encore il formait la base du droit hindou
et était également respecté dans toutes les provinces
et par toutes les catégories de la population. Il existait,
il est vrai, de graves divergences entre les règles prescrites par ce livre et les mœurs et usages actuels,
mais les Brahmanes expliquèrent ce fait en disant (2)
que dans l'âge présent, le *Kaliyouga*, quelques unes
des lois primitives étaient tombées en désuétude ou
avaient été modifiées par des législateurs subséquents :
Yajnavalkya, Narada, Angiras, Atri, Daksha, Dévala,
Pradjapati, Yama, Likhita, bien d'autres encore, dont
ils possédaient les textes et les commentaires.

On se trouvait donc en présence d'une législation complète, savante, minutieuse même, où l'on n'avait qu'à
puiser pour trouver la solution de tous les points de droit
litigieux; mais comme la plupart des magistrats anglais ignoraient le sanscrit, ils furent obligés d'avoir
recours à des jurisconsultes indigènes, les pundits,
chargés de donner des consultations (futwahs) aux-

---

(1) De legibus orientalibus. P. 311.
(2) Voir la note générale à la fin de la traduction des lois de Manou
de W. Jones.

qu'elles le juge ne pouvait que se conformer aveuglé-
ment. Or, il arriva que chacun de ces juristes avait des
préférences pour tel législateur ou tel commentaire,
et même que certains d'entre eux ne se faisaient pas
scrupule de donner un avis favorable à la partie la plus
généreuse ; lisons en effet ce qu'écrivait à ce propos
William Jones : « Mon expérience m'autorise à déclarer que je ne saurais en conscience prendre une
décision sur la seule opinion écrite des hommes de
loi indigènes, dans toute affaire où ils pourraient avoir
le moindre intérêt à induire la Cour en erreur ; et si
vigilants que nous puissions être, il ne leur est pas bien
difficile de nous tromper, car un seul texte obscur expliqué par eux, peut être cité comme une autorité ex-
presse, bien que peut être dans le livre dont il est
extrait il soit expliqué différemment ou exposé dans le
seul but de le combattre. »

Toutefois, lorsque les juges anglais, grâce aux traductions faites par quelques-uns d'entre eux, purent
consulter directement les ouvrages sanscrits, ils consta-
tèrent qu'on avait exagéré la corruption et les erreurs
des pundits, que les contradictions des législateurs
eux-mêmes suffisaient à justifier la diversité des opinions émises « *qu'il n'y avait pour ainsi dire pas une
question de droit hindou qu'on ne put résoudre dans
un sens ou dans l'autre en s'appuyant sur des textes
considérés comme jouissant d'une égale autorité,
qu'enfin les commentaires étaient rarement en har-
monie avec leur auteur et généralement en désaccord entre eux (1).* »

Au Bengale, quelques magistrats de grand savoir
entreprirent la tâche difficile d'ordonner ce chaos.
Colebrooke traduisit le Daya-Bhâga dont la haute autorité était indiscutée parmi les pundits de cette province,
publia le digeste de Jagannatha l'un des plus estimés
d'entre eux, commenta, compara les auteurs et les
classa en différentes écoles. Sutherland, Macnaghten,
Morley complétèrent cette œuvre, en extrayant des
ouvrages sanscrits et des décisions judiciaires un certain nombre de principes généraux à l'aide desquels
ils édifièrent de toutes pièces une législation, cohérente

---

(1) Considérations sur la loi hindoue en vigueur au Bengale par
Macnaghten. Préface.

et logique, mais factice et arbitraire, puisqu'elle ne reposait que sur un choix fait par des jurisconsultes parmi des textes multiples, contradictoires et dont l'autorité respective n'était pas définie.

Cette impulsion fut suivie à Madras où l'on admit sur l'affirmation de Colebrooke que les habitants du sud de l'Inde suivaient les doctrines de l'école de Bénarès et reconnaissaient comme autorité fondamentale le Mitaxara, commentaire de Yajnavalkya par Vijnanesvara. Toutefois cette opinion ne se propagea que lentement, car les divergences entre les enseignements des auteurs sanscrits et les coutumes tamoules étaient sur certains points trop évidentes.

Il suffit en effet d'examiner quelques-uns des principes enseignés par la plupart des ouvrages brahmaniques, pour reconnaître qu'ils sont en désaccord absolu avec ceux des coutumes que nous avons étudiées.

La loi de Manou dit : « Que les frères vivent unis ou séparés ; mais comme les devoirs religieux sont multiples en cas de séparation, celle-ci est légale *et même louable* (1). » Gautama dit également : « Si une division a lieu, le mérite spirituel est accru (2). » Pradjapati et Brihaspati posent des règles identiques, et ce dernier en indique le véritable motif de façon explicite : « Le culte des Pitris (ancêtres), des Dévas (divinités) *et des Brahmanes*, est unique dans le cas où l'on vit ensemble, mais en cas de partage il a lieu dans chaque demeure (3). »

Il est donc certain que la loi brahmanique préconise le partage (4), contrairement à la coutume selon laquelle la communauté est la règle générale. Pour arriver à ses fins, le brahmanisme a introduit en outre dans la communauté des ferments de dissolution, en autorisant ses membres à posséder des biens propres et à aliéner leur part indivise.

Suivant les auteurs sanscrits, le mariage a pour but essentiel de donner à l'époux un fils qui accomplira pour lui et ses ancêtres les cérémonies funèbres destinées à assurer à leurs mânes la béatitude céleste, si

---

(1) Manou IX. III.
(2) Gautama XXVIII. IV.
(3) Daya-Vibhâga VII.
(4) Ainsi s'explique un avis du comité consultatif de jurisprudence indienne du 19 juin 1841 déclarant, contrairement à la jurisprudence établie, que la communauté n'est pas l'état normal des familles hindoues.

2

bien, que l'on a pu dire, que l'hindou se marie non pas en vue de la terre mais en vue du ciel. Les textes indiquent huit modes de mariage (1), ils réprouvent l'acceptation d'une gratification quelconque par le père qui donne sa fille en mariage, même s'il appartient à la classe des Soudras (2) ; ils n'interdisent pas les unions entre personnes de différentes castes ni même de différentes classes (3), et déclarent que la cérémonie du septième pas est celle qui accomplit le mariage (4). En ce qui concerne les empêchements résultant de la parenté, Manou formule la règle suivante : « Celle qui ne descend pas d'un de ses aïeux maternels ou paternels jusqu'au 6ᵉ degré, ou qui n'appartient pas à la famille de son père ou de sa mère par une origine commune prouvée par le nom de famille, convient parfaitement à un homme des trois premières classes pour le mariage et l'union charnelle (5). »

Or, nous avons vu que la coutume se plaçait au contraire à un point de vue tout à fait terre à terre, et prescrivait des règles complètement différentes.

L'adoption a, selon les lois brahmaniques, pour objet de donner à l'adoptant un descendant mâle qui, à défaut de fils légitime, remplira les devoirs religieux envers les ancêtres. Elle se pratique au moyen de prières récitées devant le feu sacré (datta-homam). Les auteurs n'autorisent l'adoption par la veuve que pour le compte de son mari ; ils ne reconnaissent au fils adoptif que le droit à un quart ou à un tiers de la succession de l'adoptant, si celui-ci a un fils légitime postérieurement à l'adoption, et à un septième ou un cinquième s'il est en concours avec deux fils (6).

Cette institution est donc tant en la forme qu'au fond radicalement différente, suivant qu'on l'étudie

---

(1) Manou III. 20. 42.—Narada XII. 39. 45. — Yajnavalkya 58. 61.
(2) Manou III. 41. IX. 98.
(3) Manou III. 13. IX. 157.
(4) Les fiancés font sept pas en se tenant par la main et au septième pas le mariage est accompli.— Narada XII. 2.
(5) Manou III. 5.— Cette règle, on le voit d'ailleurs, n'est pas applicable aux Soudras, qui, à en croire l'opinion généralement admise, constituent la majorité de la population de ce pays. Quelle et la règle applicable à ces derniers? M. de Langlard cite l'avis de Strange, mais en faisant remarquer qu'il ne constate que le *mahmoul* de Madras. Quel est donc alors celui de Pondichéry?
(6) Dattaka Mimansa X. § 1. Dattaka Chandrika V. 16. 17. Mitaxara II § 24. 25.

dans les livres brahmaniques ou en observant les usages.

Les règles concernant les successions comportent dans les ouvrages sanscrits des développements considérables, en raison de l'encouragement qu'ils donnent à la séparation des membres d'une même famille ; nous avons vu, que par un motif inverse, les principes concernant cette matière étaient rares dans la coutume. « Tout le système des successions, nous dit M. Laude, (1) repose dans le droit hindou sur l'accomplissement par l'héritier de certains devoirs envers les mânes du défunt et des ancêtres, et sur sa capacité de faire les cérémonies funèbres. Ces cérémonies consistent dans l'oblation d'un gâteau funèbre (*pinda*) pour les parents les plus rapprochés (*sapindas*) et dans les libations d'eau pour les parents d'un degré plus éloigné (*Samonadacas et Bandhous*). » Au contraire, selon la coutume, on n'envisage que la proximité du degré de parenté et l'offrande du pinda est inconnue dans la plupart des castes (2). Le devoir de faire les cérémonies funèbres et le droit successoral sont d'ailleurs si peu unis par un rapport étroit, que la veuve d'un individu décédé sans fils et en état de communauté a seule qualité pour accomplir le *karmandirom*, bien qu'elle n'hérite pas de lui (3).

Ces divergences de principes entraînent naturellement de nombreuses différences pratiques qui seules frappèrent d'abord les juristes de Madras et leur firent déclarer que les lois brahmaniques n'étaient applicables en ce pays qu'avec des restrictions considérables. Ellis écrivait en effet en 1812: « *La loi des Smritis n'a jamais été, si ce n'est avec diverses modifications, la loi des peuples tamouls et de ceux de même race.*»

---

(1) Manuel de droit hindou page 141.— Cette opinion n'est plus admise actuellement qu'au Bengale. A Bombay et à Madras il est reconnu que, suivant le Mitaxara, la consanguinité dans la ligne masculine est le principe du droit d'hérédité, et non pas le mérite religieux. « Au Bengale, l'hérédité dépend de l'obligation de faire les cérémonies ; ailleurs, cette obligation est une conséquence du droit d'hérédité.» Mayne. La loi et l'usage hindous, pages 7, 567 et suivantes.

(2) Nelson. Etude scientifique du droit hindou, page 145. D'après le même auteur, la croyance au *pout*, que toutes ces cérémonies funéraires ont pour but d'éviter, serait également étrangère à la majorité des habitants du sud de l'Inde.

(3) Avis du comité consultatif de jurisprudence indienne du 16 novembre 1832. Le karmandirom est la cérémonie funéraire la plus importante, qui a lieu seize jours après le décès.

Sir Thomas Strange reconnut également que certaines
règles, bien que proclamées par les textes les plus
formels, étaient contraires à l'usage (1).

Mais ces différences n'étaient considérées que
comme des dérogations à la loi écrite, dont la priorité et
la prééminence étaient admises en principes indiscutés :
imbus de cette idée, les juges s'appliquèrent en conséquence à éliminer autant que possible les coutumes
pour ramener la loi à sa pureté primitive.

D'autre part l'étude du sanscrit avait fait découvrir
l'identité d'un certain nombre de racines de cet idiome
et des langues grecque, latine et germanique ; on en
avait induit la communauté originelle de la nation qui
avait peuplé l'Inde et de celles qui avaient essaimé à
travers l'Europe ; partant de ce principe, on avait re-
cherché et trouvé des similitudes remarquables entre
les institutions, les mœurs et les usages de ces différents peuples, et on en avait conclu que l'on pouvait
combler les lacunes du droit hindou par des règles
tirées du droit romain, le plus parfait qui eut été éla-
boré par la race indo-européenne.

Cette théorie a été développée avec beaucoup de
savoir et d'ingéniosité par M. le Procureur général
Gibelin (2).

Se plaçant à un point de vue plus pratique, un de
ses successeurs, M. Laude, esprit méthodique et tra-
vailleur infatigable, a résumé dans son *Manuel de droit
hindou* la doctrine et la jurisprudence admises de son
temps par nos voisins, en y joignant ses vues personnelles et quelques avis du comité consultatif de jurisprudence indienne. La Cour d'appel de Pondichéry
a adopté sur la plupart des questions les opinions de
cet éminent magistrat qu'elle a consacrées par de nombreux arrêts, recueillis et annotés avec tant de science
et de sagacité par M. Eyssette. Enfin M. de Langlard,
condensant dans ses *Leçons de droit hindou* les doctrines de ses prédécesseurs et les complétant par quelques décisions plus récentes, les a mises à la portée
des étudiants.

---

(1) Voir par exemple son opinion sur le droit, reconnu aux fils par
le Mitaxara, d'exiger de leur père le partage des biens ancestraux.
La loi hindoue 179.

(2) Etudes sur le droit civil des Hindous. 2 volumes.

Cependant la jurisprudence anglaise est allée plus avant dans la voie où elle s'était engagée et a substitué presque complètement aux anciennes coutumes tamoules les préceptes du Mitaxara, du Smriti Chandrica et de quelques autres digestes, érigés pour ainsi dire en lois positives, de telle sorte que la Cour de Madras et celle de Pondichéry, qui jugent toutes deux des individus de race tamoule, sont actuellement en désaccord sur des points fondamentaux du droit hindou. Pour en citer quelques exemples, la Cour de Madras déclare que la polygamie est permise sans restrictions, tandis que nous décidons qu'un hindou ne peut se remarier que si sa première femme y consent, ou si elle est atteinte de stérilité ou d'une maladie incurable, la jurisprudence anglaise proclame que les femmes n'ont qu'un droit d'usufruit sur les biens qu'elles héritent de leurs maris, nous leur reconnaissons à cet égard un droit de pleine propriété; le droit des fils d'exiger de leur père le partage des biens ancestraux, qui est actuellement admis sans conteste par nos voisins, leur est refusé chez nous (1).

Ces quelques espèces vont nous servir à démontrer à quelles antinomies l'on aboutit en recherchant les principes du droit hindou uniquement dans la loi écrite.

Tout d'abord en ce qui concerne la question des seconds mariages nous trouvons dans Manou les règles suivantes :

« Si un homme donne en mariage une fille ayant quelques défauts, sans en prévenir, l'époux peut annuler l'acte du méchant qui lui a donné cette jeune fille. » (IX. 73.)

« Durant une année entière, qu'un mari supporte l'aversion de sa femme, mais après une année, si elle continue à le haïr, qu'il prenne tout ce qu'elle possède en particulier, lui donne seulement de quoi subsister et se vêtir, et cesse d'habiter avec elle. » (IX. 77.)

« Même après l'avoir épousée régulièrement, un

---

(1) Nous pourrions citer plusieurs autres espèces non moins importantes : ainsi d'après la Cour de Madras, un commun en biens peut aliéner à titre onéreux sa part indivise; (Mayne. La loi et l'usage hindous, page 392 et suivantes) la Cour de Pondichéry lui dénie ce droit; (Laude. Page 101.) Voir également la question des successions, ci-dessus page 19, note 1. Tous ces principes, encore en vigueur chez nous, étaient autrefois admis par la jurisprudence anglaise à qui nous les avons empruntés.

homme doit abandonner une jeune fille ayant des marques funestes, ou malade, ou polluée, ou qu'on lui a fait prendre par fraude. » (IX. 72.)

« Une femme adonnée aux liqueurs enivrantes, ayant de mauvaises mœurs, toujours en contradiction avec son mari, attaquée d'une maladie incurable comme la lèpre, d'un caractère méchant et qui dissipe son bien, doit être remplacée par une autre femme. » (IX. 80.)

« Une femme stérile doit être remplacée la huitième année, celle dont les enfants sont tous morts, la dixième, celle qui ne met au monde que des filles la onzième, *celle qui parle avec aigreur sur-le-champ.* » (IX. 81.)

Dévala déclare que dans les différents cas spécifiés dans ce dernier sloca, et en outre si la femme se permet de manger avant son époux, celui-ci peut se remarier sans donner à son épouse des biens particuliers pour obtenir son adhésion. Certains auteurs indiquent d'autres motifs de répudiation : « On ne peut répudier l'épouse qui, entre autres qualités, aurait celle de vivre d'accord avec son mari, de s'abstenir de paroles dures, d'être habile, chaste, féconde, *de mettre au monde des héros,* de se conduire selon la volonté de son mari, de ne dire que de douces paroles. Celui qui le fera ne pourra en expier le péché. On devra le condamner à la peine réservée aux voleurs (1). »

Le mari, d'après ces textes, peut donc non seulement rompre son premier mariage, mais encore en contracter un nouveau, selon son bon plaisir.

Ne semble-t-il pas inutile dans ces conditions, de rechercher quel est le montant de l'indemnité due par le mari à sa première femme lorsqu'il a contracté une seconde union sans son consentement ? Et cependant les auteurs hindous discutent gravement cette question : Yajnavalkya émet à ce sujet deux opinions différentes, le Mitaxara, son commentaire, en préfère une troisième, et nos auteurs les suivent sur ce terrain (2).

En ce qui concerne le droit des femmes à l'égard des biens provenant de la succession de leurs maris, les deux systèmes en présence sont soutenus l'un par

---

(1) De Langlard. P. 35.
(2) Ibid.

le Mitaxara, l'autre par le Smriti Chandrica qui jouissent tous deux d'une égale autorité.

La question des droits respectifs du père et des fils présente des contradictions encore plus flagrantes.

On pose en effet en principe, d'après un texte de Catyâyana que le père a sur ses enfants un pouvoir absolu qui va jusqu'au droit de les donner, de les vendre et de les abandonner. D'autre part, le sloca 416 livre VIII des lois de Manou dispose que les fils ne peuvent rien posséder par eux-mêmes et que tout ce qu'ils peuvent acquérir est la propriété de celui dont ils dépendent. Cette prescription, remarquons le bien, est absolue, et c'est à tort qu'on a cru y trouver une exception qui aurait pour effet d'annihiler presque complètement la règle, dans le sloca 206 du livre IX qui est ainsi conçu : « Mais la richesse acquise par le savoir appartient exclusivement à celui qui l'a gagnée, de même qu'une chose donnée par un ami, ou reçue à l'occasion d'un mariage, ou présentée comme une offrande hospitalière. » Si l'on rapproche en effet ce sloca de son contexte, il est évident qu'il ne s'applique pas aux biens acquis par le fils du vivant de son père, mais uniquement à ceux gagnés par une personne vivant en communauté avec ses frères, car le sloca 204 s'exprime en ces termes : « *Après la mort du père*, si le frère aîné, vivant en commun avec ses frères, fait quelque gain par son labeur, les jeunes frères doivent en avoir leur part, s'ils s'appliquent à l'étude de la science sacrée. » Le sloca 205 continue : « Et s'ils sont tous étrangers à l'étude de la science etc... » les slocas 207 et 208 ont trait également à la communauté de biens existante entre frères ; il est donc certain que le sloca 206 se réfère aussi, exclusivement à la même espèce et ne fait nullement échec au principe établi au livre VIII.

Or, le Mitaxara débute par une longue et scolastique dissertation tendante à établir que la propriété s'acquiert par la naissance, d'où il déduit que les fils sont dès leur naissance, copropriétaires avec le père des biens ancestraux dont ils peuvent exiger le partage. Le père ne peut faire un partage inégal de cette sorte de biens, et même en ce qui concerne les immeubles qu'il a acquis lui-même il est soumis au contrôle de ses fils (1). Bien plus, d'après la jurisprudence des cours anglaises, les revenus des biens patrimoniaux tomberaient dans le patrimoine, le père ne pourrait en disposer à son gré et les acquisitions qu'il ferait à l'aide de ces revenus deviendraient la propriété de la famille (2).

Que reste-t-il alors au père de ses droits absolus de paterfamilias ? Il n'est plus que le chef d'une communauté existante entre lui et ses fils (2), et même si l'on admet qu'il peut disposer sans contrôle de ses acquêts personnels, on ne fait que lui reconnaître une faculté accordée à un commun en biens ordinaire.

Le principe du Mitâxara est par suite inconciliable avec celui de Manou et encore davantage avec celui de Catyâyana, car comment admettre que le père puisse se débarasser d'un copropriétaire gênant, en le donnant, en l'abandonnant ou en le vendant.

Il faut donc opter entre les deux systèmes. Nos auteurs ne l'ont pas osé, ils ont reconnu d'une part le pouvoir autocratique du père et admis de l'autre le droit de copropriété du père et des fils sur les biens ancestraux, sans aller jusqu'à accorder à ceux-ci le droit de provoquer le partage. Plus logique la Cour de Madras a rejeté résolument comme surannées les règles posées par Manou et Catyayana, et admis avec toutes ses conséquences le principe du Mitaxara, mais elle a en même temps, dans ce cas comme dans les précédents, rompu d'une manière plus complète avec la coutume tamoule.

IV.

Réaction en faveur de la coutume.

Mais depuis quelques années, grâce aux travaux des nombreux savants qui ont étudié avec méthode et com-

---

(1) Mitaxara I. 27. Cette règle est d'ailleurs contredite par celle posée à la section V § 10 aux termes de laquelle « puisque le père a un intérêt dominant dans les choses qu'il a lui-même acquises, le fils doit acquiescer à la disposition qu'il en fait. »

(2) Laude. P. 60.

(3) Et cependant l'on reconnaît comme un autre principe fondamental que la communauté ne s'ouvre qu'au décès du père.

pétence le passé et le présent de l'Inde, grâce aussi
aux recensements décennaux ordonnés par le gouvernement britannique et aux manuels rédigés dans
tous les districts par des fonctionnaires autorisés, la
connaissance de l'ethnologie, de l'histoire, des langues,
de la littérature et des religions de ce pays ont fait des
progrès considérables (1). L'on a pu discerner les principaux éléments dont se compose l'immense population de la péninsule indienne, les origines et les traits
distinctifs des différents groupes, et donner ainsi une
explication scientifique de la formation des castes au
sujet de laquelle tant de solutions ingénieuses avaient été
proposées, s'évertuant à pénétrer la pensée du législateur qui, croyait-on, les avait établies (2) ; les ouvrages
sanscrits étudiés de plus près ont révélé leur date ap-
proximative et leur véritable nature, et l'on a reconnu
que si l'influence de la civilisation brahmanique avait
été très considérable dans l'Inde, elle n'avait cependant pas été aussi générale et absolue qu'on l'avait
pensé tout d'abord.

La science du droit a profité de ces découvertes et
une réaction s'est formée contre l'abus que l'on avait
fait de la loi écrite, démontrant qu'on s'était mépris
sur son caractère et qu'on avait exagéré sa portée.
Dans la présidence de Madras notamment, plusieurs
magistrats aussi érudits qu'expérimentés ont proféssé
ces idées nouvelles. Burnell, traducteur de plusieurs
digestes sanscrits (3), a mis dans ses préfaces les
lecteurs en garde contre l'erreur de considérer ces
ouvrages comme des codes ou même comme des
livres de doctrine usuels pour la majorité des hindous ;
il a reconnu la prédominance de la coutume sur la loi
écrite, spécialement dans le sud de l'Inde, déclaré que

---

(1) Voir notamment : L'ancienne littérature sanscrite et la collection
des livres sacrés de l'Orient de Max Muller. — Brahmanisme et hindouisme. La sagesse indienne. L'Inde moderne et les Indiens par Monier Williams.— La mythologie hindoue de Wilkins. — Les religions de
l'Inde de Barth.
  M. Hunter, directeur général de la statistique de l'empire indien, a
résumé les découvertes les plus récentes dans son Gazetteer of India.
Voir aussi Cyclopaedia of India de M. Balfour, la géographie univer-
selle d'Elisée Reclus et les Civilisations de l'Inde, du Dr Lebou.
  (2) Lire sur cette question la remarquable étude de M. Sénart,
membre de l'Institut, dans les numéros de la Revue des deux mondes
des 1er février, 1er mars et 15 septembre 1894.
  (3) Daya-Vibhâga, Vyavahara-Nirnaya et Dayadaçaçloki.— Eléments
de paléographie du sud de l'Inde.— Les ordonnances de Manou.

la loi hindoüe telle qu'on l'administrait actuellement était *dans un état chaotique*, et qu'il en résultait une telle incertitude que des immeubles se vendaient souvent bien au-dessous de leur valeur réelle.

M. Nelson a dans ses écrits pleins de logique et de verve (1), pris vivement à partie ce qu'il appelle avec raison *la loi faite par les juges* (2) ; accumulant les documents et les preuves, il en a établi le manque de fondement légitime, les inconséquences et les erreurs de façon si évidente que selon l'expression de M. Barth, le savant auteur des *Religions de l'Inde* (3), « *on a peine à comprendre après l'avoir lu, comment des jurisconsultes éminents ont pu imaginer et maintenir si longtemps une jurisprudence également contraire et aux droits des indigènes et aux maximes de l'administration britannique.*»

Enfin M. Mayne, ancien avocat général près la Cour de Madras, dont le remarquable ouvrage : *La loi et l'usage hindous*, constitue le résumé le plus complet de la doctrine et de la jurisprudence anglaises en cette matière, tout en combattant certaines des opinions de M. Nelson, a admis avec lui que Manou, Yajnavalkya et le Mitaxara n'étaient pas les autorités reconnues par les Soudras ni même par les habitants de l'Inde méridionale, et qu'il était regrettable qu'on ne se fut pas occupé davantage de réunir leurs coutumes. A son avis, les coutumes forment la base même de la législation hindoue et existaient indépendamment du brahmanisme et avant lui ; ce dernier a, il est vrai, modifié et complété les usages, par l'influence des Brahmanes sur les populations moins civilisées et par l'autorité des décisions des tribunaux anglais, mais cependant il faut se garder d'appliquer sans discernement la soi-disant loi hindoue à tous les soi-disant hindous, de se laisser abuser par certaines similitudes existantes entre cette loi et les coutumes, et de croire en conséquence que les principes brahmaniques avec tous leurs développements aient été adoptés par les personnes qui n'appartiennent pas à la caste brahmane.

---

(1) Examen de la loi hindoue telle qu'elle est appliquée par la Haute Cour de Madras.— Programme d'étude scientifique du droit hindou.— La loi faite par les juges et l'usage par J. H. Nelson, juge de district.
(2) Judge made law.
(3) Revue critique 1878, n° 26.

Les ouvrages de M. Nelson ont donné lieu à de vives polémiques et certaines de ses opinions, il le faut reconnaitre, prêtent le flanc à la critique, notamment lorsqu'il se place sur le terrain de ses adversaires et essaye de combattre leur interprétation des textes (1). Mais il ne s'est rencontré aucun contradicteur pour contester sa thèse fondamentale, à savoir que la prétendue loi hindoue constituée par la jurisprudence de la haute Cour de Madras, n'était pas la loi primitive des peuples tamouls compris à tort sous la dénomination vague et générale d'Hindous, et qu'elle était fréquemment en contradiction avec leurs mœurs et leurs usages. Les partisans du *statu quo* se sont bornés en effet à objecter, qu'en admettant que la loi appliquée par les tribunaux anglais n'ait pas été à l'origine la véritable loi de la masse de la population indigène, celle-ci l'avait acceptée tacitement en ne soulevant aucune protestation contre l'application qui lui en était faite, qu'il importait d'ailleurs, pour parvenir à l'unité de législation, de faire disparaître les coutumes contraires à la loi brahmanique et que revenir sur la jurisprudence établie aurait pour résultat un bouleversement nuisible aux intérêts de la population. Nous examinerons plus loin le mérite de ces arguments qui ont été soutenus avec force par M. Innes, l'un des juges de la Cour de Madras (2) ; mais remarquons dès à présent qu'ils reconnaissent implicitement la vérité intrinsèque de la thèse de M. Nelson, puisqu'ils ne contestent que la possibilité ou l'opportunité de sa mise en pratique.

Un autre juge de la même Cour, M. Holloway, avait déjà d'ailleurs exprimé cette opinion en déclarant dans un arrêt : « Qu'il considérait comme une grotesque absurdité d'appliquer à des Maravàrs (3) la doctrine de la loi hindoue, et qu'il serait exactement aussi raison-

----

(1) Par exemple lorsqu'il cherche à démontrer que le texte du Mitaxara sur lequel on se base pour autoriser les fils à exiger le partage des biens ancestraux, a été mal compris ; cette règle nous parait au contraire conforme à l'esprit général de ce digeste, mais la discussion sur ce sujet est oiseuse, puisque M. Nelson établit ailleurs que le Mitaxara n'a pas l'autorité qu'on lui prête.

(2) Examen des opinions de M. Nelson sur la loi hindoue par M. Innes.

(3) Caste du sud de l'Inde qui habite principalement le district de Madura.

nable de leur accorder le bénéfice de la loi féodale sur la propriété réelle; qu'actuellement il était trop tard pour agir selon sa conscience d'une telle absurdité, mais qu'il ne voulait pas toutefois que l'on pût croire qu'il n'en avait pas eu conscience. »

Dans d'autres provinces de l'Inde on n'a pas pensé de même qu'il fut trop tard pour revenir sur la jurisprudence établie : les coutumes du Deccan ont été recueillies par M. Steele sur l'ordre du Gouvernement anglais, celles du Punjab par MM. Boulnois et Rattigan, ainsi que par M. Tupper (1) et sont appliquées par les tribunaux ; il en est de même dans les provinces du nord-ouest.

Enfin le comité judiciaire (2) a, dans une cause célèbre dans les fastes judiciaires de l'Inde, proclamé l'importance prépondérante de la coutume en déclarant que « *sous le système de la loi hindoue, l'usage nettement établi doit prévaloir sur le texte écrit* (3). »

V

Vue générale de l'Inde moderne et ancienne.

Cette réaction en faveur de la coutume repose, comme nous l'avons dit, sur des données scientifiques irrécusables que nous allons exposer brièvement.

L'extension exagérée attribuée à la loi écrite avait pour cause l'opinion erronée que les Hindous formaient une nation à peu près homogène, tirant son origine de la race aryenne ou indo-européenne, soumise à la même organisation sociale, parlant des dialectes dérivés d'une même langue mère, le sanscrit, et professant une foi unique, le brahmanisme.

Un examen plus minutieux a décelé des différences profondes dans les caractères ethniques, les mœurs,

---

(1) Notes sur la loi coutumière appliquée dans les Cours du Punjab par MM. Boulnois, juge de la Cour principale, et Rattigan.— La loi coutumière du Punjab par Tupper.

(2) Le comité judiciaire est la Cour de cassation de l'Angleterre.

(3) Mayne. Op. cit. p. 41.

les usages, les religions, les langages des peuples de l'Inde (1).

L'on sait qu'on divise au point de vue de la couleur les races humaines en quatre groupes : blanc, rouge, jaune, et noir; or l'on trouve dans l'Inde des spécimens de chacune de ces catégories : (2) certains Brâhmanes des provinces septentrionales ont le teint blanc, les lèvres et le nez fins, les yeux bleus ou gris, les cheveux et la barbe ondulés; les Radjpoutes sont bronzés ou rougeâtres, musculeux, de haute stature, ils ont les traits réguliers et fortement accentués, le nez droit et les cheveux lisses; plusieurs peuplades, notamment dans l'Assam et le Bengale ont la peau jaune, la face plate, les pommettes saillantes et les yeux bridés; enfin la majorité de la population, particulièrement dans le sud, est de couleur noire ou brun foncé, et les Khonds, les Bhils, et d'autres tribus sauvages, avec leurs nez épatés et leurs lèvres lippues, rappellent les Negritos et les aborigènes de l'Australie.

Ces peuples d'aspect si divers présentent d'ailleurs tous les degrés de développement cérébral et de civilisation, depuis l'intelligence rudimentaire et la vie barbare des hommes de l'âge de pierre (3), jusqu'à la culture la plus haute et un état policé des plus avancés.

Cette société si complexe est partagée en tribus et castes innombrables, fractionnées elles-mêmes en subdivisions, ne s'alliant pas entre elles et régies par des mœurs et des usages spéciaux. Les unes pratiquent la polyandrie, tandis que la polygamie ou la monogamie sont la règle dans d'autres et la constitution de la famille, ainsi que les liens de droit qui en résultent varient en conséquence. Dans certaines castes, les veuves ne peuvent se remarier et naguère encore, avant l'abolition du *sutti* par le Gouvernement anglais, quelques unes se

---

1 « Par le mot Inde, nous désignons une immense région, comprenant une multitude de pays différents. Dans l'Inde même il n'existe aucun terme qui corresponde à cette appelation générale.»
(L'Inde par sir John Strachey. Traduction Harmand. page 2.)
Le terme *hindou* n'est pas une dénomination nationale ou même géographique. Il signifie vaguement une agglomération fortuite de sectes, de tribus, de castes et de profession héréditaires. (Etudes asiatiques par Sir Alfred Lyall. P. 2.)
2 Voir à ce sujet un article de M. Johnson, membre de la société royale asiatique, dans le *Madras Mail* du 8 août 1894.
(3) Les Djouangs de l'Orissa s'habillent de feuilles et ignorent l'usage des métaux (Hunter op. cit. p. 56.)

brûlaient vives sur le bûcher de leurs maris, dans nombre de castes au contraire elles convolent en secondes noces. Dans plusieurs contrées les terres sont possédées et cultivées en commun par les habitants de chaque village, dans d'autres les membres d'une même famille vivent ensemble dans un état de communauté indissoluble, dans d'autres enfin cette communauté peut être dissoute et partagée à la demande d'un de ses membres, ou bien le régime patriarcal est en vigueur, et les fils, quel que soit leur âge, vivent sous la dépendance absolue du père.

La religion ne constitue pas davantage entre ces populations un lien commun : les croyances et les cultes les plus contradictoires coexistent dans la même région, allant de l'athéisme absolu au polythéisme le plus extravagant ou à l'idolâtrie, au fétichisme et aux superstitions les plus grossières n'ayant aucun rapport avec les dogmes brahmaniques.

Ces dissemblances si marquées excluent de prime abord la possibilité d'une législation uniforme et démontrent qu'actuellement le droit hindou se compose en réalité d'une infinité de coutumes aussi multiples et variées que les peuples qui les observent. Bien plus, il paraît invraisemblable a priori que ces coutumes dérivent d'une même loi originelle, et il semble plus rationnel de chercher la cause de leur diversité dans les différences de races que nous avons observées.

La linguistique complète et précise les indications que l'ethnologie nous a fournies à cet égard (1).

L'on a réduit en effet les nombreux idiomes de la péninsule à quatre groupes distincts. Le premier, nommé kolarien, est parlé par des peuplades sauvages disséminées dans le nord et le centre ; le second celui des langues tibéto-birmanes est en usage dans différents districts du Bengale et son analogie avec le chinois et le mogol ne saurait faire de doute. Les deux derniers groupes sont de beaucoup plus importants. L'un, connu sous le nom de groupe aryen comprend la plupart des langages du nord, tels que l'hindi, le pundjabi, le gouzerati, le mahratti, le bengali, qui sont composés en grande partie de racines scythiques ou tartares, d'une certaine proportion assez faible dans quelques-uns de

---

(1) Hunter. Op. cit. P. 336 et suivantes.

ces dialectes, plus forte dans d'autres, de mots sanscrits, usités surtout dans la poésie, la philosophie et les
sciences, et enfin de quelques vocables persans.
L'autre groupe nommé dravidien qui embrasse toutes
les langues du sud dont les principales sont le tamoul,
le télinga, le maléalom et le canarais, appartient par sa
structure et la plupart de ses racines à la famille touranienne, mais on a relevé également dans les patois
des castes inférieures des analogies avec les idiomes
australiens (1) et par contre dans les formes littéraires
de ces langages quelques termes abstraits empruntés
au sanscrit.

De l'ensemble de ces constatations, nous pouvons
donc induire que l'élément autochtone a été refoulé ou
dominé par des invasions venues des régions situées
au nord de l'Himalaya, appartenant aux races touranienne et aryenne, l'une de beaucoup plus considérable
et divisée en plusieurs rameaux distincts, Mogols,
Scythes, Tartares, Dravidiens, l'autre remarquable par
son action civilisatrice qui s'est exercée plus particulièrement dans le nord de la péninsule.

L'étude du passé de ce pays confirme ces observations suggérées par son état présent et nous montre
que les dissemblances de races, de mœurs et de coutumes que nous remarquons actuellement existent
depuis les temps les plus reculés.

Les livres sanscrits, tout d'abord, nous fournissent à
ce sujet des renseignements précieux. Les Védas nous
apprennent en effet que les Aryens (2) établis primitivement sur les hauts plateaux de l'Asie centrale étaient

---

(1) Caldwell Op. cit. — L'usage du *boumerang* employé à la fois
par les tribus sauvages de la présidence de Madras et par les indigènes
de l'Australie corrobore ces indications tirées du langage. Hunter. Op.
cit. P. 66. Voir aussi à ce sujet deux articles de M. Johnson dans les
numéros du *Madras mail* des 2 et 24 juillet 1894. Suivant les hypo-
thèses émises par cet auteur, un vaste continent aujourd'hui disparu
aurait uni autrefois l'Inde et l'île de Ceylan à l'Australie. Il est en
effet vraisemblable que la majorité de la population de l'Inde méridionale, qui est noire, n'est pas de provenance septentrionale, étant
donné d'ailleurs qu'il est aujourd'hui démontré en ethnologie que le
climat n'a aucune influence sur la coloration du pigment. Recens.
de Madras P. 125.

(2) Le nom d'Arya n'est pas à proprement parler un nom générique,
un nom ethnique, mais une simple épithète laudative qui a le sens de
noble, illustre. (Dictionnaire Larousse.) Tous les Aryens qui envahi-
rent l'Inde prirent sans doute le nom de Brâhmanes. (Nelson. Etude
scientifique du droit hindou. P. 31. Note 2. — Recensement de
Madras de 1871 par le Dr Cornish p. 123.)

blancs; ils nous parlent de leurs luttes avec les noirs Dasyas, habitants de l'Inde, et ne font aucune mention de leur division en classes. D'ailleurs le mot sanscrit *varna*, que l'on traduit à l'ordinaire par classe, signifie littéralement couleur, et on lit dans la Mahabhârata (1) que les Brahmanes sont blancs, les Kchatryas rouges, les Vaisyas jaunes et les Soudras noirs. Remarquons en outre que le livre de Manou attribue à ces classes des origines différentes puisqu'il les déclare issues de diverses parties de Brâhma (2) ; il leur assigne, il est vrai, à chacune des fonctions spéciales, mais cette distinction n'est pas essentielle : les Brahmanes, par exemple, n'étaient pas exclusivement voués au sacerdoce et à l'étude, car non seulement ils étaient autorisés à s'adonner, en cas de nécessité, au métier des armes, à l'agriculture et au commerce, mais encore ils exerçaient habituellement, jadis comme aujourd'hui, les professions les plus variées (3), même de peu honorables, telles que celles de danseur, usurier, teneur de tripots, serviteur à gages et un grand nombre d'entre eux ignorait la science sacrée. De même les autres classes n'étaient pas rigoureusement confinées dans des occupations déterminées (4).

Il est donc certain que la classification indiquée dans les livres brahmaniques a pour base non des différences de fonctions, mais des différences de races.

Ces ouvrages nous enseignent également que chacune de ces races était composée de plusieurs peuplades subdivisées en un grand nombre de tribus ou castes (*djatis*) et que les unions entre personnes de *varnas* ou *djatis* différentes créèrent des nuances variées et des castes nouvelles (5).

Chaque contrée, classe et caste, était régie par des coutumes particulières, et la religion brahmanique était loin d'être observée dans l'Inde entière ni même dans toute la région septentrionale, l'Aryâvarta (6) (pays des hommes honorables). Ainsi les Brahmanes avaient des modes de mariage

---

(1) Mahabharata. Shantiparvan 6934. 44.
(2) Manou I. 31.
(3) Ibid. X. 75 et suiv. IX. 319. III. 142 et suiv.— Cf. Hunter. op. cit. 193.— Recensement de Madras de 1871. P. 133.
(4) Manou IX. 319 et suiv.
(5) Manou III. 13 et X. 6 et suiv.
(6) Manou II. 23.

qui leur étaient exclusivement réservés, les Kchatryas seuls pratiquaient le mariage par rapt, dit mode des Râkchasas (1), les compagnies de marchands suivaient des usages spéciaux (2), enfin les Soudras ne participaient pas aux lois civiles et religieuses · des Brahmanes (3). Bien plus, dans les autres catégories également, et jusque parmi les Brahmanes, il existait des hérétiques, et les Kchatryas dissidents étaient si nombreux qu'ils constituaient des nations entières (4). A plus forte raison, les peuples habitant au sud des monts Vindhya et que les auteurs sanscrits confondaient sous la dénomination méprisante de Mletchas ou barbares différaient-ils des Brahmanes par leurs coutumes et leurs croyances.

Mais les ouvrages brahmaniques ne sauraient suffire à nous renseigner sur le passé de l'Inde, car la littérature sanscrite, si riche en d'autres branches, ne contient aucun livre d'histoire (5), et les récits légendaires qu'on y trouve sont sujets à caution, parce qu'ils ont généralement pour objet la glorification des Brahmanes ; de plus ces livres ne nous parlent que de l'Aryâvarta. Heureusement d'autres sources d'information impartiales, les récits des voyageurs étrangers, les inscriptions, les monnaies nous donnent une idée plus exacte et plus complète de l'Inde antique.

De ces documents, qui concordent avec les indications que nous a déjà fournies la linguistique, il résulte d'une manière certaine que longtemps avant l'ère chrétienne des hordes touraniennes nombreuses : Scythes, Tartares, Huns, Mogols, Parthes, refoulant ou réduisant en esclavage les peuplades aborigènes, avaient envahi les régions nord-ouest de la péninsule indienne.

---

(1) Manou III. 26.

(2) Ibid. I. 118

(3) Ibid. IV. 80.

(4) Ibid. X. 43 et 44.

(5) « L'Inde, a dit Renan, ne nous a pas laissé une ligne d'histoire proprement dite ; les érudits parfois le regrettent et payeraient au poids de l'or quelque chronique, quelque série de rois ; mais en réalité nous avons mieux que tout cela, nous avons ses poëmes, sa mythologie, ses livres sacrés, nous avons son âme. Dans l'histoire nous eussions trouvé quelques faits sèchement racontés dont la critique eût à grand peine ressaisi le vrai caractère ; la fable nous donne, comme dans l'empreinte d'un sceau, l'image fidèle de sa manière de sentir et de penser, son portrait moral tracé par elle-même. » (Etudes d'histoire religieuse.)

Lorsqu'Alexandre pénétra dans le Pundjab (327 avant Jésus-Christ), il y trouva un peuple scythe, les Takshaks qui l'occupaient depuis le VI⁰ siècle avant notre ère et avaient pour capitale Taxila, la ville la plus importante de cette province. La dynastie parthe des Sâhs ou Sinhas régna pendant longtemps sur le Gouzerate, ainsi que le démontrent leurs monnaies qui donnent une succession de dix-neuf rois, et leur suprématie s'étendit sur tous les pays compris dans la présidence actuelle de Bombay. D'autres tribus, les Djats ou Gètes, les Radjpoutes, les Nagas, les Sakyas s'étaient établis dans les contrées avoisinantes et jusque dans les provinces centrales. Le fils d'un des rois des Sakyas fut Bouddha, le Sakyamouni (ascète des Sakyas) dont la religion prédomina dans l'Inde depuis le VI⁰ siècle avant Jésus-Christ jusqu'au VIII⁰ siècle de notre ère.

Mais entre toutes ces peuplades, les Radjpoutes (1) ne tardèrent pas à se créer une situation prééminente par leurs vertus guerrières et fondèrent dans tout le nord de l'Inde de puissants royaumes. La masse de la population libre (en sanscrit *vis* d'où vaisya), une fois la période de conquête terminée, s'adonna à l'agriculture et au commerce.

Quant aux Brahmánes, leur nombre paraît avoir été primitivement très restreint, si l'on en juge par l'exiguité du pays qu'ils occupaient; le Brâhmavarta (2), compris entre les rivières Sarasvâti et Drichadvati et qui ne mesure que 60 milles de long sur 20 de large; ils se répandirent ensuite par petits groupes dans les contrées voisines qu'ils appelèrent Brahmarchi, puis dans tout l'Aryâvarta, mais il est certainement inexact qu'ils aient, comme le racontent leurs légendes, soutenu contre les Kchatryas des luttes sanglantes qui se seraient terminées par l'extermination de ces derniers. Leur influence semble en effet avoir été purement spirituelle; ils convertirent peu à peu à leur religion une partie des peuplades touraniennes et leur conférè-

---

(1) La race rouge à laquelle appartiennent les Radjpoutes ne paraît être qu'une branche de la famille mongolique ou touranienne. De même les peaux-rouges d'Amérique présentent, d'après les recherches les plus récentes, des affinités nombreuses par leur langage, leurs mœurs et leur aspect physique avec les Mogols. Voir à ce sujet un article de M. F. Masten dans la revue Overland monthly de juillet 1894.

(2) Manou II. 17.

rent par l'initiation le titre de Dvidjas ou régénérés, exaltèrent la race dominante des Radjpoutes ou Kchatryas, et maintinrent au contraire dans le mépris et la servitude les Soudras, débris des aborigènes vaincus.

Toutefois dans les provinces du nord-est et du centre, des peuples autochtones, les Bhils, les Bhars, les Ghonds, les Koch, avaient maintenu leur indépendance et quelques-uns l'ont conservée jusqu'à nos jours. Dans le Béhar, la dynastie indigène des Nandas fut détrônée en 315 avant Jésus-Christ par un aventurier de basse extraction, Tchandra-Gupta (le Sandracottus des Grecs) qui s'empara ensuite d'une grande partie des provinces septentrionales ; Mégasthènes, ambassadeur de Seleucus Nicator auprès de ce roi, nous apprend que l'Inde était divisée alors en 118 royaumes, que le brahmanisme et le bouddhisme y existaient concurremment, et il nous décrit une organisation sociale différente de celle que nous trouvons dans les lois de Manou. Asoka, petit-fils de Tchandra-Gupta (264-215 avant Jésus-Christ), répandit la foi bouddhiste dans tout le nord de la péninsule, comme le prouvent les inscriptions qu'il fit graver sur des rochers depuis Peshawar aux frontières de l'Afghanistan jusqu'au Deccan et à la côte d'Orissa.

Les siècles suivants nous présentent le spectacle de guerres continuelles entre les différentes principautés du nord de l'Inde ; sous ces chocs incessants, les empires et les royaumes se succèdent sans relâche et de temps à autre des afflux d'invasions nouvelles viennent contribuer à ces bouleversements. Mais, peu à peu, les rois Radjpoutes l'emportent dans la plupart des provinces septentrionales et y conservent leur prépondérance jusqu'à la conquête musulmane (Xᵉ siècle). Parmi ces princes, les uns adhèrent à la religion des Brahmanes qui deviennent leurs conseillers habituels et font fleurir à leurs cours les lettres et les sciences ; d'autres au contraire se déclarent fervents sectateurs du bouddhisme.. Au VIIᵉ siècle, le pèlerin chinois Hiouen-Thsang (1) trouva à Kanandj, sur le Gange, un monarque puissant Siladitya, dont la suzeraineté s'étendait du Pundjab au Bengale et de l'Himalaya à la Nerbudda ; le bouddhisme était dans ce royaume la religion d'Etat

---

(1) Voyages des pèlerins bouddhistes, par Stanislas Jullien.

et les Brahmanes y étaient considérés comme des hérétiques.

Cependant une civilisation différente s'était développée dans le sud sous l'influence des Dravidiens
qui, nous l'avons vu d'après leurs langages, appartenaient à la race touranienne. Dès avant l'ère chrétienne (1) ils connaissaient l'écriture, la médecine,
l'agriculture, la navigation, le tissage, la métallurgie
et diverses autres industries ; mais ils n'avaient ni
littérature, ni philosophie et leur religion se bornait à
une idolâtrie grossière; leurs mœurs différaient consi-
dérablement de celles des Brahmanes, témoin la
polyandrie qui subsiste encore dans certaines castes
de Madura et chez les Nairs de la côte malabare (2).
Ils étaient gouvernés par des rois de leur race qui
fondèrent des dynasties durables et étendirent leur
domination sur d'immenses territoires (3). Tels furent
le royaume de Pandya dont la capitale était Madura
et qui établi au Ve siècle avant notre ère se maintint
jusqu'au XIe siècle après Jésus-Christ ; le royaume de
Chola fondé en 350 avant Jésus-Christ et qui dura jusqu'au XIVe siècle, ayant successivement pour centre
Conjivarom et Tandjore, celui de Chera comprenant
le Travancore, le Malabar, une partie du Maïssour,
(du 1er au Xe siècle) et enfin l'empire de Vijayanagar
qui exista jusqu'au 1565 et avait à peu près les mêmes
limites que la présidence actuelle de Madras : ses
princes appartenaient à la caste des bergers (4), et
leurs vassaux qui se rendirent indépendants dans le
Tandjore et le Madura étaient des cavarés (5). Aujour-
d'hui encore d'ailleurs les radjahs de Maïssour, de
Travancore et de Poudoucottah (6) sont issus de castes
qui, si l'on s'en rapportait à la classification brahmanique rentreraient dans la catégorie des Soudras.

---

(1) Caldwell Op. cit., page 45.
(2) Certains groupes de cammalas ou artisans pratiquaient encore
cet usage au commencement du siècle. (*Madras mail* du 4 août 1894.)
Les kchatryas le suivaient aussi primitivement, car, selon le Mahabharata, les cinq frères Pandavas qui appartenaient à cette race épou-
sèrent Draupadi.
Or, d'après Manou (X. 20 et suivants), les Dravidas seraient des Kchatryas décastés en raison de leurs hérésies.
(3) Monier Williams. L'Inde moderne et les Indiens. P. 133.
(4) Burnell. Daya-vibhâga, page X.
(5) Esquer. Op. cit., page 106.
(6) Hunter. Op. cit., page 189.

Les Dravidiens subirent également l'influence du bouddhisme que Hiouen-Thsang trouva florissant à Conjivarom, et les Brahmanes, d'après les recherches les plus récentes, ne sont venus en nombre important dans l'Inde méridionale que vers le VIIIe siècle de notre ère (1).

Mais à partir du IXe siècle, le bouddhisme persécuté commença à décliner et disparut peu à peu de l'Inde, (2) en laissant cependant derrière lui une de ses sectes le djaïnisme. Toutefois le brahmanisme triomphant emprunta au bouddhisme quelques-uns de ses principes ; il se déforma aussi au contact des cultes scythiques et aborigènes, et ce mélange de croyances constitua cette religion disparate et multiforme, à laquelle on a donné le nom d'hindouisme, qui compte des milliers de dieux, des sectes dont le nombre va sans cesse croissant et les rites les plus discordants et les plus étranges. La masse du peuple est d'ailleurs restée attachée à ses divinités locales et à ses superstitions que le brahmanisme tolère et exploite. Les Brahmanes eux-mêmes, en s'établissant en différentes régions, en contractant des unions dans des peuplades étrangères dont ils adoptèrent en partie les usages, et en s'adonnant héréditairement à certaines professions, formèrent des groupes absolument distincts les uns des autres (3). Il en fut de même des autres races, et ainsi se produisit ce morcellement de la population hindoue en castes innombrables, rivales et jalouses, qui fit de ce pays une proie facile aux invasions musulmanes, puis à la conquête européenne.

Ce rapide aperçu de l'histoire de l'Inde suffit à nous montrer que ce pays n'a jamais eu d'unité politique ni religieuse et que par suite l'hypothèse d'un législateur ayant donné des lois à tous les hindous est insoutenable.

---

(1) Hunter. Op. cit., page 329.

(2) L'investiture accordée à des individus de toutes les castes, et l'égalité qui en résultait au point de vue religieux furent la cause des rapides progrès du bouddhisme et aussi de l'opposition que lui firent les Brahmanes. (Introduction à l'histoire du bouddhisme indien par Burnouf, page 211).

(3) D'après M. Sherring, les Brahmanes sont divisés actuellement en plus de 1800 castes qui ne s'allient pas entre elles et ne mangent pas ensemble.

VI.

Le véritable caractère des Sâstras et de leurs commentaires.

L'examen de ces prétendues lois elles-mêmes va nous confirmer dans cette opinion en nous faisant voir que ni leur origine, ni leur caractère, ni leur but ne permettent de les considérer comme des codes applicables à toutes les catégories de la population hindoue.

L'ascendant considérable acquis par les Brahmanes sur les autres races eut pour cause la supériorité intellectuelle, développée par l'hérédité et l'éducation, d'une élite d'entre-eux qui dès les temps les plus reculés poussa les sciences, les lettres et surtout la philosophie (1) et la théologie à un degré de perfection remarquable. Dès l'adolescence, après avoir revêtu le cordon sacré, les adeptes s'instruisaient auprès d'un maître (atchârya) qui leur enseignait le *Srouti* ou vérité révélée contenue dans les Védas et le *Smriti*, ensemble des règles traditionnelles concernant les devoirs religieux et civils. Il se forma ainsi un certain nombre d'écoles (*tcharanas*) et de sectes (*koulas*) qui admettaient des interprétations différentes du Véda et pratiquaient des rites et des coutumes divers ; ces dissidences au sujet des textes sacrés donnèrent naissance à deux sytèmes (*sâkhas*) principaux, celui du Yadjour Véda ancien ou noir et celui du Yadjour Véda nouveau ou blanc. Les maitres pour faciliter leur enseignement et défendre leur doctrine composèrent des traités en prose connus sous le nom de Soutras dont les Dharma-Sâstras sont des rédactions en vers de date plus récente (2). Ces ouvrages qui n'étaient sanctionnés par aucun pouvoir souverain, n'étaient donc que des recueils de coutumes et de préceptes datant de

---

(1) Voir la philosophie des Upanishads de Gough, et les conférences de Max Muller sur la philosophie Védanta. Les systèmes de Kant, de Hégel et de Schopenhauer se trouvent en germe dans l'antique Védautisme.

(2) Max Muller. L'ancienne littérature sanscrite p. 86-89. — Bühler. Digeste de la loi hindoue. — Burnell. Introduction au Daya-Vibhaga.

différentes époques et dont l'autorité était limitée à des groupes restreints, ce qui explique les divergences considérables que l'on remarque entre les différents Sàstras.

C'est dans l'une de ces sectes, celle des Manavas, que fut composé le Manava-Dhârma-Soutra, (livre de la loi des Manavas) attribué, comme cela est fréquent parmi les ouvrages de ce genre, à un rishi légendaire nommé Manou, et qui, soit en raison de son antiquité, soit en raison de l'origine sacrée qu'on lui prêtait, acquit une grande autorité dans les *koulas* brahmaniques.

La version que nous possédons, date, d'après les recherches les plus récentes, du Ve siècle de notre ère (1), et contient des interpolations manifestes, car elle présente des contradictions flagrantes sur des points essentiels, tels que le mariage des veuves, le mariage d'un Brâhmane avec une femme Soudra, la prohibition de manger de la viande (2), etc.

Remarquons immédiatement que l'organisation sociale, la civilisation et la plupart des mœurs et coutumes que décrit ce livre diffèrent notablement de celles que nous pouvons observer de nos jours dans les diverses provinces de l'Inde, même dans celle qui correspond à l'antique Brâhmâvarta (3), et que s'il contient des renseignements précieux pour l'étude du passé, personne ne soutient plus qu'il puisse servir de code à l'Inde moderne.

Mais un examen plus approfondi va nous démontrer qu'il n'a jamais eu un tel usage. Faisons observer en effet tout d'abord qu'aucun texte ancien ne lui attribue ce caractère. Notons ensuite que la majeure partie de l'ouvrage contient des prescriptions religieuses destinées aux Dvidjas et plus spécialement aux Brahmanes, que son but constant et manifeste est l'exaltation de cette classe, qu'il la concerne presque exclusivement et ne s'occupe guère des autres que pour affirmer leur subordination et déterminer leurs devoirs vis-à-vis de

---

(1) Les ordonnances de Manou par Burnell. Préface XV.

(2) IV. 250.— V. 7 à 57.— XI. 156. 159.— V. 157.— IX. 65. 76. 173. 191.— V. 167.— VIII. 204.— IX. 77. 101.— III. 13 : 19.— IX. 148. 155. 178. X. 64. 67.

(3) Voir les ouvrages cités plus haut concernant les coutumes du Puudjab.

la première. Le Brahmane, dit-il en effet, (1) qu'il soit instruit ou ignorant, et même s'il se livre à un emploi vil, est une divinité puissante ; il est doué de pouvoirs magiques, il est le souverain seigneur de tous les êtres, tout ce que ce monde renferme lui appartient et il ne peut être mis à mort quelque crime qu'il ait commis ; il existe entre lui et la classe suivante une grande distance, car : « Un Bráhmane âgé de dix ans et un Kchâtrya parvenu à l'âge de cent années doivent être considérés comme le père et le fils, et des deux c'est le Bráhmane qui est le père et qui doit être respecté comme tel. » et en indiquant aux rois leurs devoirs, le livre de Manou leur rappelle à maintes reprises quels sont les égards qu'ils doivent aux Bráhmanes. Pour les Vaisyas il ne leur consacre que quelques rares préceptes, enfin en ce qui concerne les Soudras, il ne leur impose que des obligations et ne leur donne aucun droit ; ils ont été créés pour servir les Dvidjas et particulièrement les Brahmanes, leurs seules vertus sont la soumission et l'obéissance (2), ils sont rangés au nombre des animaux, après les éléphants et les chevaux, ils ne peuvent rien posséder en propre, car s'ils acquéraient des richesses ils vexeraient les Brahmanes par leur insolence, et la moindre offense qu'ils se permettent à l'égard de ces derniers doit être punie des supplices les plus atroces ; il est interdit au surplus de leur divulguer la loi et les pratiques expiatoires sous peine d'être précipité avec eux dans le séjour ténébreux appelé Asamvrita (3).

Si nous recherchons ensuite le principe de cette loi, nous le trouvons dès le début formulé en ces termes (4). « *La coutume immémoriale est la principale loi*, approuvée par le Srouti et le Smriti ; en conséquence celui qui désire le bien de son âme doit se conformer toujours avec persévérance à la coutume immémoriale. » et cette définition est complétée plus loin par la suivante : (5). « La loi a pour bases le Véda tout entier, les ordonnances et les pratiques morales des gens de bien et dans les cas sujets au doute la satisfaction intérieure. »

----

(1) I. 99 et suiv IX, 313 et suiv. II, 135.
(2) I. 91, VIII, 410 — X, 123 — XII, 43.
(3) IV. 80.
(4) I. 108.
(5) II. 6.

Nous lisons ensuite au livre II que la bonne coutume est celle qui s'est perpétuée par la tradition dans le pays de Brâhmavarta, et que les personnes qui appartiennent aux trois premières classes doivent habiter l'Aryâvarta et non pas le pays des Mlctchas. Mais cette coutume ainsi proclamée la meilleure ne doit pas prévaloir sur les coutumes locales différentes, car le livre ajoute (1) :

« *Un roi vertueux, après avoir étudié les lois particulières des classes et des provinces, les règlements des compagnies de marchands et les coutumes des familles, doit leur donner force de loi.* » Le scoliaste Koullouka Bhatta a ajouté, il est vrai (2) : « Si ces lois et règleménts ne sont pas contraires aux préceptes des livres révélés.» Mais cette interpolation est évidemment contraire à l'esprit du livre et au contexte lui-même, car on lit un peu plus loin (3) : «Qu'il mette en vigueur les pratiques suivies par les Dvidjas savants et vertueux, *si elles ne sont pas en opposition avec les coutumes des provinces, des castes et des familles* », et dans le livre VII : « *Qu'il fasse respecter les lois de la nation conquise comme elles ont été promulguées.* »

En résumé le Manava Dharma Sastra n'était donc applicable ni aux Mlctchas, ni aux Soudras, ni aux hérétiques, ni enfin aux nombreuses peuplades et castes qui n'avaient pas accepté la règle brahmanique, et si, comme l'a soutenu M. Burnell, le texte que nous possédons a été rédigé pour l'éducation d'un radjah, il n'a pu certainement lui servir à juger toutes les catégories de ses sujets, si ce n'est en lui inculquant ce principe de large tolérance consistant dans le maintien des coutumes particulières des provinces et des castes.

Tous les Sâstras sont d'ailleurs unanimes sur ce point important; ainsi Yajnavalkya dit: *Dans un territoire conquis le roi doit conserver les usages sociaux et religieux, le système judiciaire et l'état de choses tel qu'il existait antérieurement.* » Brihaspati déclare de même que : « *Les lois pratiquées par les différentes contrées castes et tribus doivent être observées, autrement le peuple est mécontent.* » Dévala proclame que : « *Quels que soient les dieux, la coutume et la loi d'un pays, il ne faut pas les dédaigner, car telle est la loi de ce pays* »,

---

(1) VIII. 44.
(2) Mayne Op. Cit. P. 40.
(3) VIII. 46.

enfin Narahamihira dit également : « *La coutume locale doit être considérée d'abord ; c'est la règle de chaque contrée qui doit être appliquée* (1). »

Sur d'autres questions au contraire, les Smritis, élaborés par les différentes sectes, présentaient entre eux, nous l'avons vu, de graves dissidences, de telle sorte qu'aucun de ces ouvrages ne peut même être considéré comme étant la loi générale des Brâhmanes.

A plus forte raison faut-il se garder d'attribuer aux commentaires une portée exagérée. M. Burnell, dont l'autorité en cette matière est si considérable, s'est exprimé à ce sujet dans les termes suivants : « Les digestes n'ont jamais eu pour but d'être des. codes usuels ; ils étaient écrits dans une langue comprise d'un petit nombre (2) et à cause des citations du Véda qu'ils contenaient ils ont du rester presque exclusivement dans les mains des Brâhmanes. D'ailleurs ils ne concernent pour la plus grande partie que les Brâhmanes et ignorent complètement les nombreuses nations non-aryennes répandues dans l'Inde et qui forment la majorité de la population du sud dont les usages ne peuvent en aucune façon être rattachés au Dharma-Sastra (3). Il n'y a pas l'ombre de preuve que ces ouvrages aient jamais été employés par les juges dans l'Inde ancienne comme des règles impératives ; ils étaient, cela est certain, considérés comme des traités purement spéculatifs et avaient le même usage dans la pratique des tribunaux que les ouvrages de doctrine en Europe. Le Dharma-Sastra étant considéré comme d'origine divine et par suite digne d'étude en lui-même sans but pratique, rien ne devait être omis et des coutumes incontestablement hors d'usage étaient discutées avec autant de gravité que celles encore en vigueur. Sinon le sujet aurait semblé aux Brâhmanes traité d'une façon insuffisante et incomplète ; c'est pourquoi la question du partage des biens entre des fils nés de femmes de castes différentes est examinée, bien que les mariages entre des personnes de castes différentes

---

(1) Nelson. Examen de la loi hindoue. P. 116.

(2) Les premières traductions tamoules du Mitaxara et du Smriti Chàndrica ont été faites en 1815 et sont restées inachevées. (Note de Burnell.)

(3) Y a t-il d'autres Aryens dans le sud de l'Inde que les Brahamanes ? Si non, et il semble peu douteux que cette opinion soit exacte, l'autorité du Dharma-Sastra doit être très restreinte. (Note de Burnell).

soient maintenant complètement inconnus, (1) et que les seules personnes d'origine mélangée dans le sud de l'Inde soient les enfants des dâsis ou danseuses attachées aux pagodes, dont les pères sont des Bràhmanes ou des Dravidiens des plus hautes classes, mais qui eux-mêmes n'appartiennent à aucune classe (varna) ou caste (djati) mentionnée dans le Dharma Sastra » (2).

Parmi ces commentaires, celui auquel on assigne le premier rang dans le sud de l'Inde est, nous l'avons vu, le Mitaxara (3). M. Nelson a démontré le manque de fondement de cette opinion (4), en établissant que non seulement ce digeste était inconnu de la masse de la population de l'Inde méridionale, mais encore qu'il n'était pas accepté par les Bràhmanes, de cette région, qui appartiennent tous à l'école du Yadjour Véda noir, alors que Yajanavalkya suivait le Yadjour Véda blanc ; d'ailleurs l'abbé Dubois qui les a si longtemps fréquentés et si minutieusement observés n'indique pas cet ouvrage comme faisant autorité parmi eux. Les sanscritistes les plus éminents partagent au demeurant cette manière de voir, notamment M. Narayanan Mandlik, traducteur de Yajnavalkya, M. Jolly et M. Max Müller ; ce dernier, consulté sur ce point, par M. Nelson, a répondu : « Le Mitâxara dans le sud de l'Inde est ce que serait le code Napoléon en Angleterre, en supposant qu'elle fût conquise par les Français. Ce pourrait être un excellent code, mais ce serait un code étranger. » A cette différence près, ajouterons-nous, que le Mitâxara est loin d'être un excellent code, ou même un code passable, qu'il n'est qu'un ouvrage de scolastique, basé non pas sur des principes

---

(1) Cette règle s'applique aux castes (djatis) et non pas seulement aux classes (varnas) nous avons vu qu'au contraire Manou (III. 13) autorisait les mariages avec des femmes de classe inférieure. C'est donc à tort que M. Laude a écrit : « L'égalité de classe est une condition essentielle de la validité du mariage. Il ne faut pas perdre de vue que par ce mot de classe les jurisconsultes hindous entendent parler des quatre grandes divisions de Brahma, Kchatrya, Vaisya, et Soudra et non de ces divisions infinies de castes connues sous le nom de: vellaja, cavaré, chetty, pally, cammala, etc., etc. »

(2) On pourrait citer un grand nombre d'autres discussions oiseuses de ce genre, notamment celles concernant les huit espèces de mariage et les douze espèces de fils.

(3) Cet ouvrage date, croit-on, du XIe siècle de notre ère. (Mayne. op. cit. p. 26.)

(4) Programme d'étude scientifique du droit hindou. Pages 69 et suiv.— L'usage indien etc. P. 362 et suiv.

d'équité, mais sur un certain nombre de textes réputés infaillibles que le commentateur torture et essaie de concilier à force de raisonnements et de subtilités, afin de les conformer à son opinion ; qu'on y trouve maints passages dénués d'intérêt pratique, des contradictions (1) et même des prescriptions injustes et dangeureuses. Telle est celle qui autorise le fils à exiger de son père le partage des biens ancestraux « quoique la mère soit encore capable d'avoir d'autres fils, et que le père conserve encore de l'attachement pour les choses terrestres et ne désire pas la division (2). » N'est-il pas inique en effet d'admettre que le fils ait le droit de réclamer à sa majorité (à seize ans) sa part du patrimoine et puisse la dissiper à sa fantaisie, tandis que le père serait obligé de subvenir avec le reste à toutes les charges qui incombent à un chef de famille, l'entretien et l'éducation de ses enfants mineurs, les frais de mariage de ses filles, et resterait exposé en outre à voir ses autres fils lui demander chacun à leur tour un nouveau partage ? Les conséquences de cette règle seraient d'ailleurs d'autant plus à craindre dans l'Inde que les mariages y sont plus précoces, et que, comme le fait observer avec raison M. Jolly, l'on y est souvent grand-père peu après trente ans et bisaïeul avant cinquante. Nous avons vu au demeurant que ce droit exorbitant était contraire à la fois aux dispositions formelles du Dharma-sastra et à la coutume tamoule (3). D'autre part, en ce pays où la simulation est si fréquente en matière de contrats, il peut servir au père à faire provoquer par ses fils un partage fictif pour mettre une partie de ses biens à l'abri des poursuites de ses créanciers. Enfin, cette doctrine a pour effet de rendre toute une catégorie de biens inaliénable, car si le père peut vendre les immeubles ancestraux en cas de necessité, il est évident que personne ne voudra les lui acheter de

---

(1) Voir page 33, note 1.

(2) Mitaxara I. 5 § 8.

(3) Avis du comité consultatif de jurisprudence indienne du 7 avril 1830.

M. Mayne reconnait que ce principe du Mitaxara n'a été admis que lentement par la Cour de Madras et nous avons vu que Strange le contestait.

peur de voir les fils demander la rescision de la vente
en prétendant qu'elle n'avait pas été faite dans l'interêt
de la famille (1).

D'autres principes non moins catégoriquement posés
par le Mitaxara ont été reconnus contraires à l'usage
et ne sont pas appliqués même par la cour de Madras,
par exemple l'attribution lors d'un partage d'une part de
fils à la mère et d'un quart de part aux filles non mariées
(2). Si donc cet ouvrage est en opposition manifeste
avec la coutume sur des questions aussi importantes, on
est fondé à en conclure qu'il ne saurait servir de loi aux
peuples de ce pays. Vijinancsvara cite d'ailleurs des
textes (3) pour établir que les préceptes des livres
sacrés ne doivent pas être mis en pratique, lorsqu'ils
sont contraires à l'opinion publique et reconnait ainsi
lui-même l'autorité prépondérante de la coutume.

Il n'existe donc en définitive, aucun code applicable
à l'Inde entière ni même à une région déterminée, et
la soi disant législation sanscrite est un dédale dont on
ne peut sortir qu'en prenant la coutume pour guide.
Les soutras, les sâstras et les digestes datent d'époques différentes que nous ne connaissons qu'approxi-
mativement, ils ne reflètent que les coutumes d'une
secte ou les opinions d'un auteur, et vouloir les appliquer concurremment est s'exposer aux anomalies
les plus étranges. Supposons, en effet, en retournant la
comparaison de M. Max Muller, que la France ait été
conquise jadis par les Anglais, et que leurs juges frap-
pés par certaines ressemblances de nos coutumes avec
le droit romain se fussent avisés d'appliquer à la fois
la loi des douze tables, le Digeste et même les commentaires de Papinien et d'Ulpien, et nous comprendrons
combien il est illogique et peut être dangereux d'user
des lois brahmaniques d'une manière inconsidérée.

---

(1) Il a été jugé en effet que si le fils peut prouver que l'aliénation
d'un bien des ancêtres a été faite, hors des cas permis, il n'est pas
obligé à la restitution totale ou particlle du prix à l'acheteur. (Laude,
Manuel de droit hindou, p. 62.)

(2) Mitaxara I 7. § 2 et 5. Voir aussi la question du stridhana, p. 31.

(3) ibid. I 3. § 4.

VII.

La loi et la coutume dans l'Inde méridionale.

Les observations qui précèdent sont particulièrement exactes dans le sud de l'Inde.

Les peuples de cette région appartiennent, nous l'avons vu, en partie à la race dravidienne et en partie à une race inférieure ; leur aspect physique, leurs langages, leur histoire dénotent leur origine distincte de celle des Brahmanes. Ceux-ci ne sont venus en ce pays qu'à une époque relativement récente, et ne constituent que 3 0/0 environ de la population (1) ; encore ne sont-ils pas purs de tout mélange avec les autochtones car beaucoup d'entre eux sont noirs, ce qui, comme on l'a fait observer avec raison (2), paraîtrait à leurs ancêtres s'ils pouvaient revivre et les voir une anomalie aussi étrange que si l'on nous parlait d'un Anglais ou d'un Irlandais noir. Ils sont loin d'ailleurs d'occuper en ce pays le rang social hors de pair que leur attribue la loi de Manou et dont ils jouissent encore dans quelques provinces septentrionales. La majorité est composée d'agriculteurs, une proportion assez considérable occupe des emplois dans les administrations anglaises, et une minorité seulement remplit les fonctions de prêtres et d'astrologues, vivant d'aumônes et de prébendes (3). La plupart d'entre eux ignorent le sanscrit, et n'ont conservé de l'initiation que le signe extérieur, le ponnoul (4), et de la science sacrée de leurs ancêtres que le rituel et quelques pratiques destinées à exploiter la foule superstitieuse et idolâtre ; ils ont adopté d'ailleurs sur bien des points les mœurs et les usages des populations au milieu desquelles ils vivent (5) et ont

(1) Recensement de Madras de 1871. P. 127.
(2) Ibid.
(3) « Ils sont pour la plupart ignorants, paresseux, dégénérés, à Pondichéry surtout; méprisés au fond par les Malabars intelligents, mais ostensiblement vénérés et vivant de l'aveugle crédulité des masses. » Esquer. Les castes dans l'Inde. P. 100.
(4) Cordon sacré.
(5) Burnell. Préface du Daya Vibhaga. — Par exemple, les Brahmanes se marient presque toujours sous le mode asoura, comme en font foi les registres de l'état civil de Pondichéry.

consenti à associer au culte de leurs dieux celui des divinités locales (1) : c'est ainsi que Mariamma déesse de la petite vérole, Ayennar dont les statues équestres en terre cuite sont si répandues dans les campagnes du sud de l'Inde, et Baouth ou Singamiamma divinité populaire que l'on adore à Virampatnam, petite aldée de pêcheurs voisine de Pondichéry, ont pris place dans la panthéon brahmanique à côté de Vishnou et de Siva.

Les quelques individus qui, dans l'Inde méridionale, prétendent au titre de Kchatryas sont des descendants des mercenaires radjpoutes (2, et des pillards mahrattes qui désolèrent cette contrée au siècle dernier ; ils sont généralement petits cultivateurs ou gardes de police et jouissent d'une considération médiocre ; on n'y trouve pas d'autre part de Vaisyas authentiques, malgré les prétentions injustifiées qu'élèvent à cette qualité certains Chettys. La masse de la population serait donc, si l'on s'en rapportait à la classification brahmanique, composée de Soudras, c'est à dire de ces esclaves dont Manou nous décrit la misérable condition. Cette conséquence est en contradiction absolue, non seulement avec l'état social actuel de ce pays, mais encore avec tout ce que nous savons de son passé ; les castes supérieures sont ou étaient primitivement composées d'agriculteurs (3) faisant cultiver leurs terres par des panéals, serviteurs attachés à la glèbe, descendants sans doute des aborigènes soumis par les conquérants Dravidiens ; certaines castes ont constitué autrefois une aristocratie militaire, d'autres ont compté et comptent encore, comme nous l'avons vu, des rois dans leur sein.

Il est donc hors de doute que la hiérarchie sociale indiquée dans les lois de Manou n'est pas et n'a jamais été en vigueur dans cette partie de l'Inde et que par suite l'on ne saurait appliquer à ses habitants les règles que les livres sanscrits prescrivent pour les Soudras (4),

---

(1) Ces Brahmanes idolâtres sont d'ailleurs méprisés de leurs congénères, adeptes des nobles systèmes métaphysiques de Sankara Acharya de Madhwa et de Ramanoudja.

(2) Esquer. Op. cit. P. 102.

(3) Les vellajas, qui occupent le premier rang en ce pays, tirent leur nom du mot tamoul velamnae qui signifie charrue et culture. (Esquer. Op. cit. P. 103).

(4) Ainsi la règle des Sastras aux termes de laquelle chez les Soudras les fils naturels héritent concurremment avec les fils légitimes n'est pas applicable aux Tamouls.

pas plus d'ailleurs que celles destinées aux Dvidjas, puisqu'ils n'appartiennent ni à l'une ni à l'autre de ces catégories, mais constituent des peuplades d'origine différente de celles dont le Dharma Sastra nous décrit les lois et les coutumes (1).

La loi bráhmanique est d'ailleurs basée exclusivement sur des principes religieux. Or, une grande partie de la population de ce pays nominalement comprise dans le bráhmanisme a conservé en réalité ses croyances primitives. Les castes inférieures n'ont d'autre culte que celui des idoles des villages, des démons, des fétiches et des serpents (2). Certaines castes n'ont en aucune façon recours aux Bráhmanes pour accomplir leurs cérémonies religieuses, soit domestiques, soit publiques : ainsi les cammalas ou artisans qui portent le cordon sacré et dont quelques-uns s'attribuent le titre d'atcharya (précepteur spirituel) recrutent leurs gourous parmi eux (3), la foule immense des parias est exclue de la communion bráhmanique et a ses prêtres spéciaux, les vallouvas, qui constituent une subdivision de caste. Enfin les groupes mêmes qui se sont convertis au bráhmanisme sont restés attachés néanmoins à leurs superstitions d'origine autochtone et ont, indépendamment des Bráhmanes, des prêtres d'ordre inférieur ou pandaroms appartenant à leur caste. Il importe d'ajouter qu'une fraction assez considérable de la population, surtout dans nos établissements de la côte de Coromandel, s'est convertie au christianisme et que par suite la loi religieuse des Bráhmanes ne lui est évidemment plus applicable, en admettant qu'elle l'ait jamais été (4).

Ces constatations ont une importance pratique consi-

---

(1) A plus forte raison ne peut-on suppléer aux insuffisances de la coutume tamoule à l'aide du droit romain.

(2) Monier Williams. L'Inde moderne et les Indiens p. 191 et suivantes.— Recensement de Madras de 1871, p. 142 et suivantes.— A Pondichéry même, il existe, à notre connaissance, un jardin où l'on adore un serpent capelle à qui ses fidèles apportent tous les jours des jattes de lait et d'autres offrandes.

(3) D'après M. Nelson la rivalité des cammalas et des Bráhmanes aurait donné naissance à cette curieuse division spéciale au sud de de l'Inde, en castes de la main droite et castes de la main gauche. Une étude publiée par un Hindou dans les numéros du Madras Mail des 2 et 4 août 1894 confirme et développe cette opinion.

(4) Un premier pas a été fait dans cette voie par le décret du 24 avril 1880 qui a appliqué aux Indiens chrétiens les règles du code civil relatives au mariage, sauf en ce qui concerne les conditions d'âge.

dérable, car il en résulte qu'on ne saurait sans injustice annuler une adoption ou une donation parcequ'elle n'aurait pas été faite dans les formes prescrites par la loi brâhmanique, s'il est avéré qu'elles sont inconnues de la caste à laquelle appartiennent les parties. De même il est évidemment déraisonnable de faire découler tout le droit successoral de l'oblation du pinda, si cette cérémonie n'est pas en usage dans la plupart des castes.

Toutefois il importe de reconnaître que les castes qui occupent en ce pays le premier rang par l'intelligence, le savoir et la fortune ont subi jusqu'à un certain point l'ascendant religieux et civilisateur des Brâhmanes et adopté par suite quelques-uns de leurs préceptes et de leurs usages. Bien plus, cet exemple a été suivi, dans certains cas, par les castes ralliées moins entièrement ou même étrangères à la religion brâhmanique(1). Ainsi la communauté de biens était sans doute autrefois indissoluble dans toute l'Inde méridionale, comme elle l'est encore de nos jours sur la côte malabare, mais l'idée de partage préconisée par les Brâhmanes s'est à ce point répandue, que le droit de chacun des membres de la communauté de provoquer la dissolution est maintenant reconnu de manière incontestable par la coutume tamoule. Cependant, comme l'a fait observer avec raison M. Mayne, il faut se garder de croire que les peuples dravidiens aient, en acceptant certaines règles brâhmaniques, admis toujours en même temps les principes religieux dont elles procédaient. Ainsi, pour reprendre notre exemple précédent, si les Brâhmanes ont recommandé le partage c'est parce qu'il augmente les cérémonies religieuses et les revenus de ceux qui les célèbrent (2) ; or, il est certain que lorsque des Tamouls se partagent les biens de leur communauté, ils n'ont nullement en vue le but pieux que proposent les textes sanscrits, mais simplement de faire cesser la vie commune que leur mésintelligence a rendu impossible.

Les partages s'étant multipliés, les coutumes ta-

---

(1) L'imitation des Brâhmanes paraît être en raison directe de la supériorité de la caste dans la hiérarchie sociale. Par exemple la prohibition du remariage des veuves, empruntée aux Brâhmanes, n'est en usage que dans les hautes castes.

(2) Voir page 17.

moules ont dû se trouver insuffisantes pour décider toutes les questions de succession, et faire des emprunts fréquents aux usages brahmaniques. Mais en cette matière également, il ne faudrait pas supposer que les principes établis par les Sâstras aient été adoptés par les peuples restés étrangers au brahmanisme. Ce dernier, par exemple, déclare incapables de succéder, les idiots, les fous, ceux qui sont atteints d'une maladie congénitale ou incurable, ou privés de l'usage d'un membre ou d'un sens, parce qu'il considère ces infirmités comme les punitions de fautes commises dans une vie antérieure ; il frappe de la même exclusion ceux qui se sont rendus coupables de certains péchés, tels que l'hypocrisie, l'imposture, la lâcheté, l'impiété, l'ignorance de la science sacrée, l'inobservance des bonnes coutumes. Toutefois, à côté de ces prohibitions rigoureuses, les Brahmanes avaient établi tout un système d'expiations qui leur était profitable (1). Or, les Indiens qui ne se sont pas convertis entièrement à la religion brahmanique n'ont pas dû se soumettre à toutes ces règles, car « sans le principe, l'usage n'est qu'une branche séparée du tronc : la sève fait défaut qui seule peut produire la croissance (2). »

D'autre part, les castes même qui ont admis plus ou moins complètement ces principes religieux n'en ont pas accepté toutes les conséquences et ont conservé sur bien des points leurs antiques usages.

On peut donc trouver dans les Sâstras et leurs commentaires des règles utiles à toutes les catégories de la population hindoue, à condition de ne pas perdre de vue que les préceptes qu'ils enseignent ne doivent pas prévaloir sur les coutumes, que ces ouvrages n'ont été composés ni par ni pour les peuples tamouls, et qu'il ne faut pas les considérer comme des lois impératives, mais comme « des maximes propres à éclairer l'esprit du juge », ainsi que le disait avec raison l'abbé Dubois, ou, pour parler un langage plus juridique, des livres de doctrine, d'une portée d'ailleurs très restreinte.

Il est certain d'autre part, que nombre de jeunes Malabars instruits dans les écoles européennes ont admis docilement que leurs ancêtres avaient eu Manou

---

(1) Mayne Op. cit. 16, 682 et suiv.
(2) Ibid p. 12.

pour législateur et que les lois sanscrites leur étaient destinées, car la littérature tamoule n'est pas plus riche en livres d'histoire que celle des Brahmanes, et les indigènes ne connaissent sur leurs origines que des légendes exaltant la supériorité de la caste à laquelle ils appartiennent (1). Cette ignorance et la passiveté de la population indienne habituée, pour ainsi dire héréditairement, à plier sous tous les jougs, expliquent qu'elle ait accepté sans récrimination la loi brahmanique, appliquée par les tribunaux européens, bien qu'elle fût souvent contraire à ses usages, de même qu'elle eût subi toute autre loi qui lui aurait été imposée par ses conquérants. M. Nelson illustre ce trait saillant du caractère indien par une anecdote caractéristique (2) : dans une cause qui se présenta un jour devant son tribunal, les deux parties appartenaient à la religion djaina ; il était donc évident que la loi brahmanique ne leur était pas applicable ; il leur demanda suivant quelle loi ils désiraient être jugés et ils répondirent avec une indifférence parfaite : « Selon le bon plaisir du maître.» Les lacunes de la coutume sur certains points et sa similitude sur d'autres avec quelques unes des règles du droit écrit ont aussi contribué à faire accepter bénévolement celles-ci. Rappelons également que les juges anglais se sont pendant longtemps basés sur les avis des pundits qui, appartenant à la classe des Brahmanes, étaient enclins à faire prévaloir leurs Sâstras, et ajoutons que les vakils ou hommes de loi étaient portés naturellement à invoquer la jurisprudence antérieure des tribunaux. Les lois anglaises dans l'Inde britannique et le code civil chez nous ont également exercé leur influence sur les usages indiens. Un courant d'opinion a été créé de la sorte parmi les classes les plus éclairées; c'est ainsi que les testaments, qui étaient autrefois inconnus en ce pays (3), y sont devenus d'un usage constant, et que la renonciation aux successions a passé de notre loi dans la coutume tamoule.

---

(1) Un cammala instruit nous a déclaré avec le plus grand sérieux que sa caste descendait directement de Brahma, et il en donnait pour preuve que, comme ce dieu, les artisans façonnent la matière.

Il existe dans le sud de l'Inde toute une littérature ayant pour objet les origines légendaires, toujours glorieuses, des différentes castes. (Recensement de Madras de 1871, p. 118.)

(2) L'usage indien et la loi faite par les juges, p. 10.

(3) Voir Mayne. op. cit. § 367.

Or, il ne peut être évidemment question de revenir en arrière, de faire revivre des coutumes surannées ou de refuser droit de cité à des règles nouvelles qui ont été acceptées par une fraction de la société hindoue et sont devenues ainsi partie intégrante de sa coutume.

Mais nous ne croyons pas que ces influences étrangères aient pu détruire complètement les coutumes anciennes, ni surtout pénétrer dans les masses profondes du peuple, qui sont restées attachées à leur mammoul et à leurs préjugés séculaires. C'est ce que démontre notamment chez nous le nombre relativement restreint des indigènes qui ont consenti à renoncer à leur statut personnel, et le fait que les renonçants eux-mêmes continuent à observer les usages de leur caste, ne se marient que dans son sein, et n'épousent pas de veuves, si sa coutume le prohibe.

Il nous paraît donc que la loi brahmanique n'a pas été, comme on le soutient, acceptée tacitement par la majorité de la population tamoule, et que le Mitaxara ne la régit pas, même inconsciemment, et n'est pas l'expression de ses mœurs et de ses usages.

Nous pouvons en conséquence conclure avec Burnell (1) : « *La coutume a toujours été dans une large mesure supérieure à là loi écrite dans l'Inde, et spécialement dans le sud. Ce n'est que par la coutume que le Dharma-Sastra peut être ici la règle des autres castes que les Brahmanes, et même en ce qui concerne ces derniers, il est souvent abrogé par la coutume.* »

VIII.

Rédaction et codification des coutumes.

Mais comment connaître les coutumes avec les modifications de provenances diverses qu'elles ont subies ou acceptées ?

Nous avons vu que dès 1778, le Gouvernement français avait essayé de faire fixer la législation hindoue par la chambre de consultation, et que ce projet n'avait

---

(1) Dàya-Vibhaga. Introduction **XV.**

pas abouti. En 1827, M. le Gouverneur Desbassyns de
Richemont, reconnaissant que « les abus de toute nature
qui s'étaient introduits dans la composition et dans le
mode de procéder de la chambre de consultation,
avaient affaibli depuis longtemps la considération dont
cette institution devait jouir, et diminué en même
temps l'utilité dont elle pouvait être », réorganisa cette
assemblée sous le nom de comité consultatif de jurisprudence indienne, et la composa de neuf membres,
savoir : deux brâhmes, deux vellajas, un cavaré, le
dessaye, chef supérieur des basses castes, un berger,
un comoutty, un chetty et neuf suppléants choisis dans
la même proportion pour chaque caste ; l'arrêté du 30
octobre 1827 indiqua en outre la procédure et la
discipline applicables à cette assemblée, chargée
« d'éclairer les décisions du Gouvernement et des tribunaux dans les questions dont la solution exige la connaissance des lois indiennes et des us et coutumes des
malabars ».

Une dépêche ministérielle du 1ᵉʳ mars 1828 pres-
crivit de constater la législation civile des Indiens et de
faire examiner par une commission spéciale les modifications que cette législation serait susceptible de
recevoir d'après les us et coutumes, en prenant l'avis
des chefs de caste qu'il était également prescrit de
consulter.

Ce travail, confié au comité consultatif de jurisprudence, n'était pas encore commencé en 1833. Invité
par une série de lettres instantes de M. le Procureur
général à se mettre à l'œuvre, le comité demanda
d'allouer un traitement mensuel à l'un de ses membres
pour se livrer exclusivement à la traduction des lois
hindoues du sanscrit en malabar, puis une somme
pour acquérir les textes, et une augmentation de solde
pour son greffier chargé de les traduire du tamoul en
français. Ces diverses demandes furent exaucées.
Cependant en 1835, la tâche entreprise n'était pas plus
avancée ; M. le Gouverneur Saint-Simon imposa alors
au comité deux séances hebdomadaires de cinq heures
chacune, consacrées uniquement à la constatation des
lois, us et coutumes des Hindous encore en vigueur
dans les établissements français de l'Inde ; de plus il
fixa à deux roupies l'amende encourue par les membres
qui n'assisteraient pas aux réunions, et édicta que trois

absences non justifiées emporteraient démission. Malgré ces mesures de rigueur et le labeur assidu du comité, l'œuvre ordonnée ne put être menée à bonne fin et le code des lois et usages tamouls n'a jamais vu le jour.

La cause de cet insuccès est que, partant de ce point de vue erroné que les coutumes tamoules tiraient leur origine des lois sanscrites, l'on avait exigé du comité une tâche excédant sa compétence et de plus inutile.

Ce conseil, en effet, n'est et n'était pas composé de jurisconsultes, mais de notables propriétaires et commerçants n'ayant aucune connaissance juridique, ni même une instruction générale suffisante; un seul membre, un Brâhmane, connaissait le sanscrit et était chargé de colliger les textes et de les traduire; ce dernier lui-même n'était d'ailleurs ni un érudit, ni un juriste, et la confusion existante dans les lois hindoues eut suffi à égarer un esprit plus versé que le sien dans la science du droit.

En admettant au surplus que l'œuvre préliminaire si considérable de compilation des textes eût pu aboutir, il aurait fallu entreprendre ensuite le seul travail utile et par lequel on aurait dû commencer tout d'abord : celui de réunir les coutumes en vigueur dont un grand nombre ne reposent sur aucun texte et sont même en contradiction absolue avec les Smritis.

Borné à ce rôle plus modeste, et appelé à se prononcer sur une suite méthodique de questions sous la direction d'une personne compétente, le comité eut pu rendre de sérieux services, et effectivement le recueil des avis émis par lui au fur et à mesure des demandes des tribunaux constitue une source précieuse de documents sur les coutumes tamoules. Toutefois, il est certain que nombre de points de droit n'ont pas été soumis à l'appréciation de ce conseil ou ont été décidés par lui d'après les lois sanscrites (1), grâce à l'ascendant qu'exerçait naturellement sur ses collègues le pundit de l'assemblée. L'obligation imposée au comité de baser ses avis autant que possible sur les lois écrites, et le désir qu'il avait lui-même de faire étalage d'érudition, le conduisit parfois à motiver ses avis de façon bizarre : ainsi consulté le 9 avril 1833 sur le point

---

(1) Nous avons cité déjà l'avis du 19 juin 1841 sur la communauté, page 17, note 4.

de savoir si la caste pally devait ou non être considérée comme basse caste, le comité répondit affirma-
tivement, par le motif que « la classe Soudra était faite
pour servir les trois classes Brâma, Kchatrya et
Vaisya » ! Cette décision fut d'ailleurs cassée « parcequ'elle ne mentionnait aucun texte de la loi hindoue ni
la déclaration qu'il n'en existait pas ». De même, appelé à fournir des renseignements sur la coutume de
l'illandarom, existante spécialement dans la caste retty
(qui n'est pas représentée au sein du comité) et consistant dans une sorte d'adoption du gendre par
son beau-père, le comité s'efforça d'adapter des
textes sanscrits à cet usage, dont il n'est aucunement
question dans les Sâstras. Maintes fois d'ailleurs, il
était obligé, malgré les recherches du *pundit,* pour
trouver des textes à l'appui de ses opinions, de déclarer qu'il n'en existait point, ou qu'il n'en connaissait pas, ou bien encore que la loi avait été
modifiée ou abrogée par l'usage, et de se décider
en conséquence uniquement d'après la coutume. D'autre part, il faut reconnaître qu'une commission de
neuf membres est insuffisante pour déterminer les us et
coutumes d'une population de cent soixante-dix mille
âmes fractionnée en plus de soixante castes et subdivisions de castes (1) : la coutume en effet est complexe
en raison de ces divisions, transmise par tradition orale
elle est sujette à variations, enfin elle est incomplète,
car, répondant aux besoins d'une civilisation rudimentaire, elle n'a pas prévu tous les cas qui pourraient
se présenter, à l'instar d'une législation raisonnée et
savante. Les avis du comité consultatif de jurisprudence indienne présentent donc, il le faut avouer, des
anomalies, des erreurs et des contradictions.

---

(1) Les Indiens ignorent généralement les coutumes des castes autres que celle à laquelle ils appartiennent. C'est ainsi que le comité a
déclaré (Avis du 5 juin 1832) que dans la caste vannia, les veuves ne
pouvaient se remarier, alors qu'il suffît de consulter les registres de
l'état civil pour trouver des preuves nombreuses du contraire. Cette
caste rurale, si nombreuse, ne compte aucun représentant dans le
comité, qui n'est composé que de citadins ; lacune regrettable, car les
anciennes coutumes sont restées certainement plus vivaces dans les
campagnes.

C'est également par erreur, ainsi qu'il résulte des mêmes registres,
que cette assemblée a, par un avis du 9 novembre 1861, fait savoir à
la Cour d'appel, qui a basé un arrêt sur cette opinion, (Eyssette.
Arrêt 55) que dans la caste cavaré on se mariait généralement sous
le mode brâhma.

En présence de ces défectuosités, M. le Procureur général Guillet des Grois, dans un remarquable discours prononcé à la rentrée solennelle de la Cour d'appel de Pondichéry, le 6 mars 1880, concluait à l'impossibilité de constituer un statut hindou avec les coutumes, et à la nécessité d'appliquer progressivement la loi française aux Indiens.

Cette solution ne nous paraît pas de tous points satisfaisante. Sur certaines questions en effet les idées et les mœurs des Hindous sont trop différentes des nôtres pour qu'une adaptation de nos lois soit possible, et même pour qu'on puisse prévoir qu'elle le devienne un jour : ainsi les prescriptions relatives aux conditions d'âge, de caste et de parenté requises pour le mariage partent de principes étrangers ou opposés à ceux du droit français ; le régime de la communauté de biens, état normal des familles hindoues (1), est absolument inconnu dans notre loi ; de même, on ne saurait sans préjudice pour la majorité de la population indigène, lui appliquer les restrictions que le code civil apporte à la faculté d'adopter ni notre ordre successoral. D'ailleurs, en admettant même que le but que nous propose M. des Grois puisse être atteint dans l'avenir, nous n'en devons pas moins, en attendant, appliquer les us et coutumes que nous avons promis de respecter et que nous ne connaissons qu'imparfaitement.

Toutefois, sur certains points, les principes de notre code ont, nous l'avons reconnu, modifié la coutume tamoule ou suppléé à son insuffisance, soit qu'ils aient été adoptés volontairement par la population indigène, par exemple, les testaments et la renonciation aux successions, soit parce que les tribunaux en ont fait une application constante en l'absence de dispositions positives dans la loi et les coutumes hindoues, telles les règles concernant les contrats, soit enfin par l'effet de dispositions législatives : ainsi le titre XX livre III du code civil relatif à la prescription a été promulgué

---

(1) La portée de ce principe ne doit pas toutefois être exagérée, sous peine de donner prise à la fraude et aux revendications les plus injustes, et il faut reconnaître, avec la doctrine et la jurisprudence anglaises, que la présomption est de plus en plus faible au fur et à mesure que l'on s'éloigne de l'auteur commun. Pour notre part, nous n'avons jamais vu de communauté existante entre parents au delà du quatrième degré en ligne collatérale.

et déclaré exécutoire pour les natifs par un arrêté du 18 octobre 1838 (1); l'état civil a été réglementé par le décret du 24 avril 1880 qui a rendu applicable aux Indiens le titre II livre Ier du code civil sauf certaines modifications. D'autres matières pourraient également être régies par notre droit sans blesser aucunement les mœurs et usages des indigènes. Le comité, consulté sur cette importante question, a émis dans sa séance du 22 mars 1853 le vœu que les titres et chapitres suivants du code civil fussent appliqués aux Hindous : du domicile, des absents, de la paternité et de la filiation, de la puissance paternelle, de la tutelle, de la majorité (2), de l'interdiction et du conseil judiciaire, de la distinction des biens, de la propriété, de l'usufruit de l'usage et de l'habitation, des servitudes, des donations entre-vifs et testaments, des contrats ou obligations conventionnelles en général, de la vente, de l'échange, de contrat de louage, du contrat de société, du prêt, du depôt et du séquestre, des contrats aléatoires, du mandat, du cautionnement, des transactions, du nantissement et enfin des privilèges et hypothèques.

Si l'on sanctionnait cet avis, qui nous paraît très sage, il ne resterait donc en définitive que quatre matières irréductibles au droit français : le mariage, l'adoption, la communauté de biens et les successions dont il faudrait en conséquence déterminer les règles de manière précise (2).

Il nous reste donc à rechercher la méthode à employer pour parvenir à ce résultat. Il importe tout d'abord de retenir que le principe du droit des peuples hindous ne réside pas dans les lois sanscrites, mais dans les usages, et que ce ne sont pas les coutumes qui ont modifié des lois préexistantes, mais au contraire les lois brahmaniques qui sur certains points ont

---

(1) La Cour de cassation a par un arrêt du 29 juin 1853 reconnu la légalité de cet arrêté.

(2) Les livres sanscrits indiquent l'âge de seize ans comme étant celui de la majorité. Le comité a fait observer avec raison combien cette règle était dangereuse, puisqu'elle mettait souvent une fortune considérable à la disposition d'un adolescent inexpérimenté, en butte à toutes les tentations et aux chantages de gens d'affaires peu scrupuleux. L'ancienne coutume, tombant dans un excès contraire, fixait la majorité pour les deux sexes à vingt-cinq ans, ainsi que nous l'apprennent plusieurs jugements de la Chaudrie. L'âge fixé par notre code serait un excellent moyen terme.

modifié les coutumes. Celles-ci ne sont elles mêmes que l'expression des mœurs, des idées, des sentiments et des croyances de la population, et il faut remonter à ces sources diverses pour saisir les raisons des usages en vigueur : l'étude du système des castes qui pénètre tout l'état social, réglant les devoirs de tous, foisonnant, agissant partout et à tous les niveaux, gouvernant la vie privée jusque dans ses rouages les plus intimes (1), puis la connaissance des rapports qui unissent les membres de la famille, des droits et des obligations de chacun d'eux, enfin celle des modes de penser et de sentir, (2) des pratiques, des superstitions et des préjugés même, telles sont donc les notions préalables indispensables à qui veut étudier la coutume.

Malheureusement, les indigènes, tout au moins dans le sud de l'Inde (3), ne nous ont donné jusqu'à présent aucun tableau de leur vie privée, de leurs mœurs et de leurs usages. Des auteurs du siècle dernier, le P. Bouchet, l'abbé Dubois, Sonnerat, puis le Thessawaleme et les jugements de la Chaudrie nous fournissent, nous l'avons vu, à ce sujet des renseignements précieux ; l'on trouve quelques documents plus récents dans les ouvrages anglais, notamment les recensements de la présidence de Madras ; les avis du comité de jurisprudence indienne consultés avec discrétion et discernement peuvent aussi offrir une certaine utilité ; enfin les ouvrages sanscrits eux-mêmes ne laissent pas de présenter de l'intérêt en ce qui concerne les croyances religieuses et les règles qui ont été adoptées par une partie de la population.

Pour utiliser ces notions éparses, en apprécier la valeur pratique et les compléter, il faudrait instituer une commission composée de magistrats et d'hommes de loi européens et indigènes, qui procèderait à une enquête générale dans les différentes castes à l'effet

---

(1) Sénart. Les castes dans l'Inde. *Revue des deux mondes* du 15 septembre 1894.

(2) Il est indispensable par exemple de savoir quels sont les parents qui sont considérés comme les plus proches, afin d'établir l'ordre successoral sur une base équitable. De même, nous ne pouvons comprendre les empêchements au mariage résultant de la parenté que si nous connaissons les sentiments des Hindous à cet égard. Voir page 12, note 3.

(3) Au Bengale, il existe plusieurs ouvrages de ce genre, notamment *Les Hindous tels qu'ils sont*, par Shib Chunder Bose, et *la Vie domestique au Bengale*, par Bulloram Mullick.

d'en recueillir les coutumes (1). La tâche serait d'ailleurs peu considérable, étant donnés l'exiguité de notre territoire, le chiffre relativement restreint des castes qui l'habitent et le petit nombre de matières restant à élucider. L'on constaterait sans doute des similitudes fréquentes entre les usages de ces groupes, et l'on pourrait en conséquence déterminer la règle générale à laquelle quelques rares dérogations seraient apportées par les mammouls spéciaux à certaines fractions de la population ; on établirait ainsi sur une base solide les principes fondamentaux, dont il serait aisé de tirer les conséquences logiques et équitables, en s'aidant, dans les cas où cela serait possible, des Sâstras et des digestes sanscrits (2).

Peut-être, nous objectera-t-on, que fixer ainsi la coutume serait lui donner un caractère de rigidité contraire à sa nature essentiellement plastique et enrayer les progrès dont elle est susceptible.

Nous répondrons que cet argument serait opposable à toute législation, que le droit est sans doute soumis comme toutes choses à la loi d'évolution et que ses règles ne sont pas immuables, mais qu'il ne s'en suit pas qu'on ne puisse et ne doive déterminer celles qui sont adaptées aux besoins d'une société et d'une époque, sauf à y apporter ultérieurement les modifications que les transformations politiques et sociales peuvent rendre nécessaires. Notre code civil lui-même n'est-il pas le résultat de la fusion en un tout harmonieux de nos anciennes coutumes et du droit romain avec les principes nouveaux établis par la Révolution ?

De même, en ce pays, le but à atteindre est de discerner dans quelle proportion la coutume s'est assimilée le droit brahmanique et le droit français, ou pourrait être légitimement complétée par eux, et de coordonner ces éléments divers.

---

(1) Telle fut d'ailleurs la méthode suivie en France aux XIVe et XVe siècles pour la rédaction des coutumes. Les commissions éclaircissaient les points douteux au moyen d'enquêtes par *turbes*. Chaque turbe était composée de dix personnes, dont une portait la parole pour les autres.

Le recueil de M. Tupper sur les coutumes du Pundjab fournirait d'excellents modèles de questionnaires.

(2) Ne serait-ce pas d'ailleurs se conformer aux préceptes de Manou qui recommande de s'en rapporter « dans les cas sujets au doute, à la *satisfaction intérieure* » et de mettre en vigueur « les pratiques suivies par les Dvidjas savants et vertueux, si elles ne sont pas en opposition avec les coutumes des provinces, des castes et des familles. » ? Voir ci-dessus pages 40 et 41.

Mais ce travail ne saurait être abandonné à l'arbitraire du juge, car il ne lui appartient pas de créer la loi, mais uniquement de l'appliquer et de la commenter.

La commission législative dont nous avons parlé aurait donc seule qualité pour accomplir cette œuvre si désirable et depuis si longtemps entreprise sans succès, et nous donner un code conforme aux mœurs et usages des hindous, aux promesses que nous avons faites de les respecter et à la loi brahmanique elle-même dont on a tant abusé en négligeant son principe essentiel : « *La coutume est la loi fondamentale.* »

TABLE DES MATIÈRES

9 782014 025224